50 AÑOS DE OPERACIONES ENCUBIERTAS EN EE.UU.

Acerca de la portada

DISEÑO DE LA PORTADA: Carole Caron

IMÁGENES DE LA PORTADA:

ARRIBA IZQUIERDA: El presidente Franklin Roosevelt pronuncia discurso "Cuarentena al agresor", octubre de 1937, un hito en los preparativos políticos de Washington para lo que sería la masacre imperialista de la Segunda Guerra Mundial. GETTY IMAGES

ABAJO IZQUIERDA: Diez mil desempleados, organizados por el liderazgo del sindicato Teamsters, resisten ataque policial, exigen aumento en subsidios federales, Minneapolis, Minnesota, abril de 1934. SOCIEDAD HISTÓRICA DE MINNESOTA

ABAJO DERECHA: Documento secreto del FBI durante la Segunda Guerra Mundial sobre espionaje contra dirigentes del movimiento independentista en la colonia estadounidense de Puerto Rico.

ARRIBA DERECHA: Huelga de obreros de recolección de basura en Memphis, Tennessee, 1968, durante etapa final de la lucha que consolidó la derrota del sistema *Jim Crow* de segregación racial.

50 años de OPERACIONES ENCUBIERTAS *en* EE.UU.

LARRY SEIGLE · FARRELL DOBBS · STEVE CLARK

PATHFINDER
Nueva York Londres Montreal Sydney

Editado por Steve Clark
Edición en español: Martín Koppel

ISBN 978-1-60488-062-5
Número de Control de la Biblioteca del Congreso
(Library of Congress Control Number) 2013958194
Impreso y hecho en Estados Unidos de América
Manufactured in the United States of America

Primera edición, 1988
Segunda edición, 2014
Segunda impresión, 2024

Pathfinder
www.pathfinderpress.com
Correo electrónico: pathfinder@pathfinderpress.com

TABLA DE MATERIAS

Introducción
Steve Clark 7

Cincuenta años de operaciones encubiertas en EE.UU.
Larry Seigle 27
El origen del ataque del FBI contra el PST 31
Blanco de ataque: la lucha por los derechos del pueblo negro 43
Blanco de ataque: el movimiento sindical 55
Caso fabricado en Minneapolis 61
Cacería de brujas macartista 77
Operaciones encubiertas del FBI 87
Quedan expuestas operaciones del gobierno 93
¿Por qué el Partido Socialista de los Trabajadores? 99
Ampliación de derechos políticos 109

La guerra imperialista y la clase trabajadora
Farrell Dobbs 115

Notas 123
Índice 131

INTRODUCCIÓN

En agosto de 1987 un juez federal de distrito en Nueva York emitió una orden judicial en la que dictaminaba que ningún documento que el gobierno obtenga por métodos que violan la Constitución de Estados Unidos y la Carta de Derechos puede ser "utilizado, emitido o divulgado" por el FBI u otras agencias policiacas federales.

El juez Thomas Griesa decretó esta orden a raíz de su decisión un año antes, en agosto de 1986, sobre una demanda judicial entablada por el Partido Socialista de los Trabajadores en 1973.

El objetivo del partido era sacar a la luz pública las décadas de espionaje y desbaratamiento por la policía política federal, así como movilizar la oposición a estas violaciones de los derechos constitucionales no solo de los miembros y partidarios del partido y de la Alianza de la Juventud Socialista, sino de otras organizaciones e individuos que habían sido objeto de las operaciones encubiertas del gobierno.

Aunque inmediatamente después de la decisión de Griesa de 1986 el Departamento de Justicia había dado aviso de que apelaría, menos de dos años después el gobierno retiró su moción.

La batalla que el Partido Socialista de los Trabajadores libró durante 15 años con el apoyo de miles de personas, y que dio lugar a ese fallo judicial federal, fue una victoria para la clase trabajadora. Además, esa victoria perdura y mantiene un efecto directo, más de cuatro décadas después de haberse entablado el pleito.

El primer artículo en este libro, "Cincuenta años de operaciones encubiertas en EE.UU.: La policía política de Washington y la clase obrera norteamericana", por Larry Seigle, ofrece un relato de esa batalla política del PST y sus aliados. Fue una iniciativa política sin precedentes. Una organización comunista estaba entablando *una demanda* contra el gobierno capitalista, en vez de verse obligada a defenderse y a defender a sus miembros contra *un caso* fabricado por policías y fiscales. Los trabajadores comunistas —junto con otros sindicalistas, agricultores y partidarios de los derechos civiles— eran los *demandantes*, y las agencias y funcionarios del gobierno eran los *acusados*. Y no al revés.

La campaña política que el Partido Socialista de los Trabajadores organizó y dirigió, con un amplio apoyo, brindó un arma más que los sindicalistas, luchadores por los derechos de los negros y otros entre los explotados y oprimidos podían usar para defender mejor sus propios derechos constitucionales. Ante todo, ayudó a mantener el espacio político necesario para que el pueblo trabajador pueda debatir, organizarse y tomar acción más allá del ámbito electoral y judicial: para que podamos luchar sobre nuestro propio terreno, en las fábricas, en las líneas de piquetes y en las calles.

Algunos comunistas veteranos, quienes tenían experiencia directa con casos fabricados por el gobierno y ataques contra trabajadores combativos, al principio se resistieron a emprender dicho curso. ¿Acaso un pleito judicial no sería buscarse problemas? ¿Para qué poner en marcha algo que llevará a que el gobierno obligue a dirigentes del partido a prestar declaraciones indagatorias juradas? ¿Para qué terminar ante un tribunal burgués por voluntad propia?

Ese recelo era aún mayor entre algunos antiguos miembros del Partido Comunista y otras personas en el entorno del PC cuyo faccionalismo sin salida hacia el PST había menguado con el paso del tiempo, pero que aún se encogían ante la perspectiva de llevar a cabo actividades políticas abiertamente como comunistas, y mucho menos de hacerlo ante abogados federales y un juez. Entre otras cosas, ¿para qué exponer al escrutinio público la historia y el historial político de su partido?

Pero los dirigentes centrales del PST, desde los de las generaciones más viejas hasta aquellos de las más nuevas, estaban convencidos de que estaban cambiando las actitudes entre los trabajadores y los agricultores en Estados Unidos a raíz de las conquistas políticas del movimiento por los derechos de los negros, de las movilizaciones contra la Guerra de Vietnam y de otras luchas sociales. La clase gobernante capitalista y su gobierno estaban a la defensiva políticamente a consecuencia de lo que ya se venía conociendo sobre el espionaje, el acoso y la interferencia por la policía contra los trabajadores y jóvenes que participaban en estas luchas. Para los gobernantes todo esto se multiplicó en 1973 ante las revelaciones muy difundidas de "Watergate" sobre los desenfrenados allanamientos e intervenciones electrónicas realizados por la administración Nixon contra sus rivales nacionales en la política capitalista.

Los dirigentes comunistas llegaron a la conclusión de que las condiciones, tomadas en su conjunto, eran excepcionalmente propicias para este tipo de campaña política. El Partido Socialista de los Trabajadores nunca le miente al pueblo trabajador, ni en Estados Unidos ni en otra parte del mundo. Su historia y su historial político son como un libro abierto. No tiene nada que ocultar. Al verse comprobadas en la vida estas conclusiones a lo largo de los próximos 15 años, las dudas y vacilaciones iniciales se transformaron en respeto y apoyo al curso político que el PST siguió en esta lucha.

Después de más de siete años de *discovery* (proceso en que los abogados de ambas partes solicitan información para preparar el caso), el juicio comenzó en abril de 1981. El proceso judicial se extendió durante 12 semanas. En su decisión de 1986 a favor de la demanda del PST, la corte falló que no había hallado pruebas "de que un informante del FBI alguna vez hubiera denunciado un solo caso real o planificado de espionaje, violencia [o] terrorismo" por el partido o sus miembros. Por primera vez, una corte federal dictaminó:

- que el empleo de informantes del FBI o de otras agencias policiacas para infiltrarse en organizaciones y espiar a individuos que participan en actividades políticas, incluidos comunistas y otros militantes obreros, viola el derecho a la vida privada y la libertad de asociación garantizados en la Carta de Derechos (durante el juicio, el gobierno reconoció que el FBI por sí solo —sin contar la CIA, la inteligencia militar u otras agencias entre los acusados— había recogido o robado 10 millones de páginas de expedientes sobre los socialistas);
- que los allanamientos cometidos por la policía para robar o copiar documentos o plantar micrófonos violan las protecciones de la Cuarta Enmienda a la Constitución contra "los registros y las incautaciones irrazonables" (el FBI reconoció haber efectuado por lo menos 204 de estos allanamientos, conocidos como *black bag jobs* [operativos de bolsa negra], en las oficinas del partido solo entre 1945 y 1966); y
- que la desorganización encubierta de las actividades del partido y de la vida de sus miembros y partidarios es una violación de la ley (se describen numerosos ejemplos

de este acoso en los libros *FBI on Trial: The Victory in the Socialist Workers Party Suit against Government Spying* (El juicio contra el FBI: La victoria en la demanda del Partido Socialista de los Trabajadores contra el espionaje por el gobierno), editado por Margaret Jayko, y *Cointelpro: the FBI's Secret War on Political Freedom* (Cointelpro: La guerra secreta del FBI contra la libertad política), por Nelson Blackstock, ambos publicados por Pathfinder).

Un año más tarde, dando seguimiento a esas decisiones, Griesa emitió su orden "respecto a los documentos que el gobierno obtuvo mediante actividades claramente ilegales". El juez federal prohibió que estos archivos fueran "utilizados, emitidos o divulgados por los acusados... por cualquier motivo salvo cumplir con una orden emitida por este tribunal, solicitado por notificación, o como respuesta legal a una solicitud bajo la Ley de Libertad de Información".

Cincuenta años de operaciones encubiertas en EE.UU. se publicó originalmente en 1987 en inglés en la revista marxista *New International*, y al año siguiente en español como un librito. Según indica el artículo, se escribió antes de que el juez Griesa hubiera tomado decisiones finales en 1987 sobre todos los asuntos en la demanda judicial y antes de que el gobierno hubiera tirado la toalla en 1988 al no apelar el fallo.

Tras este desenlace de la batalla del PST, se dieron otros dos hitos en la larga historia del partido de defender los derechos políticos del pueblo trabajador, incluidos sus propios miembros.

El 4 de marzo de 1988, Mark Curtis, miembro del PST y obrero en la fábrica empacadora de carne Swift en Des Moines, Iowa, fue arrestado y golpeado brutalmente por la policía. Esto ocurrió apenas unas horas después de que él participara en una reunión en defensa de 17 compañeros de trabajo, arrestados por la policía de inmigración durante una redada de la fábrica y amenazados con ser deportados. Él fue acusado falsamente de violación y allanamiento de morada, y en septiembre de 1988 fue a juicio. A través de una amplia campaña internacional de defensa, se exigió que las autoridades de Iowa desecharan los cargos y luego —cuando fue declarado culpable y sentenciado a 25 años de cárcel— que Curtis fuera puesto en libertad. Fue excarcelado bajo libertad condicional en junio de 1996.

Una semana antes de que comenzara el juicio contra Curtis, el Partido Socialista de los Trabajadores ganó una victoria en otra campaña de defensa, la cual había estado librando durante 11 años con un apoyo muy amplio. El 31 de agosto el Departamento de Estado norteamericano finalmente abandonó los intentos del gobierno de deportar a Héctor Marroquín, un joven nacido en México, miembro de la Alianza de la Juventud Socialista y del PST y demandante en el pleito judicial del partido, y le otorgó la residencia permanente.

Hoy día, la decisión de 1986 del tribunal federal de que el presidente de Estados Unidos "no puede tener la facultad de actuar de manera inconstitucional" se mantiene frente a la implacable expansión de los poderes ejecutivos y policiales durante cuatro presidencias republicanas y demócratas desde que se emitió el fallo: las de George H.W. Bush, William Clinton, George W. Bush y Barack Obama.

La Casa Blanca de Obama —y los profesionales, académicos y demás individuos meritocráticos de mentalidad burguesa entre los cuales la administración recluta a su personal y organiza su apoyo— está llevando esta tendencia a niveles sin precedentes. "En cualquier momento que se presente la oportunidad y yo tenga la autoridad ejecutiva para lograr que se hagan algunas cosas, simplemente vamos a hacerlas", dijo el presidente en una entrevista en el programa "60 Minutes" de la cadena CBS en diciembre de 2011.

Los hechos confirman sus palabras: desde la acelerada ampliación (y la justificación política) de las interceptaciones telefónicas y de la Internet en Estados Unidos y otros países, hasta los más de 400 mortíferos ataques "no reconocidos" de *drones* desde principios de 2009 en Pakistán, Yemen y Somalia; el fuerte aumento en la deportación de inmigrantes y en las "redadas silenciosas" contra los trabajadores indocumentados en las fábricas y otros centros de trabajo; la manera en que la agencia federal de impuestos (IRS) se enfocó en examinar los archivos tributarios del "Tea Party" (Partido del Té) y de otros grupos conservadores; y la creciente vigilancia de los registros telefónicos y de correo electrónico de periodistas y el enjuiciamiento criminal contra sus fuentes bajo la Ley de Espionaje de 1917. Esta tendencia se manifiesta también en la aplicación por la actual administración de sanciones más severas contra empresas estadounidenses y extranjeras acusadas de violar el embargo de Washington contra Cuba, y de sanciones unilateralmente reforzadas contra Irán; su evasión de la revisión por el Congreso de los nombramientos presidenciales y aspectos del presupuesto federal; y la fuerte expansión y el mayor uso de reglamentos federales que evitan la necesidad de presentar nuevas leyes para ser debatidas y votadas; y mucho más.

~

La victoria en esta prolongada batalla política del Partido Socialista de los Trabajadores ha reforzado sus esfuerzos constantes desde mediados de los años 70 para asegurar la mayor protección posible de los contribuidores financieros a las campañas del PST, incluidas las campañas para puestos públicos.

En abril de 2013, la Comisión Electoral Federal (FEC) prorrogó cuatro años más la exención del partido de los requisitos de que los candidatos deben entregar los nombres de sus contribuidores y de vendedores a los cuales les pagan por trabajos de impresión u otros asuntos comerciales. La decisión de la FEC citó el fallo judicial federal de 1986, así como unas 70 declaraciones de trabajadores y otras personas que han apoyado a candidatos comunistas y las actividades públicas del PST. Estas declaraciones documentaban despidos, casos de espionaje y acoso policiaco y amenazas y ataques derechistas contra el partido y sus miembros y partidarios desde 2009, cuando la FEC había otorgado su anterior exención.

La "hostilidad del gobierno y el acoso público y privado contra el PST fue extenso", dictaminó la FEC, y "por tanto continúa sirviendo de apoyo a la actual solicitud del PST" de prorrogar su exención de la divulgación de nombres por la cual ha luchado y que ha ganado seis veces desde 1974. Esta fue una victoria no solo para el PST sino para todo el pueblo trabajador y para los derechos constitucionales. Fue el primer exitoso empujón de resistencia en bastante tiempo por parte de una organización obrera frente a estos años de creciente "regulación" política, social y económica por los patrones y su gobierno.

Entre los liberales, la cruzada a favor de la "transparencia" política y la "divulgación" financiera es una causa sagrada. Pero encubre realidades y conflictos de clase fundamentales: sobre todo, el hecho de que no solo el poder económico y financiero está en manos de la clase capitalista sino todo el poder político y militar. Ese es el origen de la hipocresía en torno a la "transparencia" y del daño que las "divulgaciones" impuestas por el gobierno le causan a la mayoría explotada.

La demanda de poner fin a la diplomacia secreta, a los secretos comerciales y a las operaciones encubiertas policiales ha sido y sigue siendo parte del programa del movimiento comunista. Cada paso que se da para poner fin a la capacidad de los gobernantes acaudalados de obrar secretamente de manera legal representa un avance para el pueblo trabajador en Estados Unidos.

En cambio, cuando se imponen a partidos obreros tales como el PST, a los sindicatos, a los grupos por los derechos de los negros o a las organizaciones agrícolas de protesta, las medidas de "divulgación" y "transparencia" son instrumentos para darles rienda suelta al gobierno capitalista, a la policía y a grupos e individuos derechistas a investigar, desbaratar y tratar de destruir al movimiento obrero. Son obstáculos políticos que se interponen a la organización efectiva de una defensa de quienes se ven amenazados por ataques del gobierno y a la acción independiente obrera de masas a favor de los intereses del pueblo trabajador.

~

Cincuenta años de operaciones encubiertas en EE.UU. destaca la trayectoria proletaria durante un siglo y medio que ha hecho posible lo que el Partido Socialista de los Trabajadores ha logrado a través de su campaña política para exponer el espionaje y acoso por el gobierno y para movilizar la oposición a este. Desde el momento en que el PST entabló su demanda judicial en 1973, hasta el juicio y los procedimientos después del juicio, dice el artículo, el gobierno se empeñó

> en probar que el partido decía una cosa en público y otra cosa en sus reuniones cerradas. Intentaron demostrar que

> el partido mantenía estructuras paralelas, una para fines públicos y otra estructura oculta. En cada caso, los hechos demostraron lo contrario. Si bien un partido obrero tiene el derecho —de hecho, tiene la responsabilidad— de proteger la vida privada de sus miembros y simpatizantes contra la intromisión de los patrones y la policía, no tiene derecho a ocultar del pueblo trabajador sus ideas, métodos y conceptos organizativos...
>
> Como lo demostró el juicio, el FBI, al acusar al PST de conspiración y metas ocultas, simplemente estaba proyectando sus propios métodos. Resultaron ser la Casa Blanca y el FBI, no el PST, los que ocultan sus verdaderos objetivos y métodos. Resultaron ser la Casa Blanca y el FBI, no el PST, los que mantienen una estructura secreta para hacer lo que no pueden proclamar en público. Resultaron ser la Casa Blanca y el FBI, no el PST, los que usan métodos conspirativos para lograr sus objetivos a espaldas del pueblo de Estados Unidos.

El artículo delinea la expansión de la policía política de Washington a partir de la respuesta represiva del imperialismo norteamericano, tras la Primera Guerra Mundial, a la revolución dirigida por los bolcheviques en Rusia en octubre de 1917 y la creación de la Internacional Comunista dos años más tarde, así como su impacto en los trabajadores y agricultores en Estados Unidos que buscaban emular esos ejemplos revolucionarios. Ante todo el gobierno pretendía aplastar las organizaciones comunistas recién fundadas en Estados Unidos en 1919. (Ya en aquellos años, J. Edgar Hoover encabezaba la agencia policiaca del Departamento de Justicia que acosaba a trabajadores comunistas y anarquistas, a sus organizaciones y a dirigentes negros tales como Marcus Garvey y A. Philip Randolph. Esa agencia se convirtió en el Buró Federal de Investigación —el FBI— en 1935, y Hoover siguió siendo su director hasta su muerte en 1972).

Este libro se enfoca especialmente en la administración demócrata del presidente Franklin Roosevelt a fines de los años 30, cuando los gobernantes de Estados Unidos se preparaban para sumarse a la matanza interimperialista de la Segunda Guerra Mundial. Describe el desarrollo y la consolidación del estado de "seguridad nacional" después del triunfo militar, político y económico de Washington en esa guerra frente a sus rivales imperialistas, tanto sus "enemigos" (Alemania, Austria, Italia y Japón) como sus "aliados" (el Reino Unido, Francia y otros).

La condena y el encarcelamiento en 1941 de 18 dirigentes del Partido Socialista de los Trabajadores y de la dirección con disposición de lucha de clases del Local 544-CIO del sindicato Teamsters en Minneapolis fue un hito en el desarrollo de la policía política del capital estadounidense. El caso amañado fue la primera vez que la administración Roosevelt usaba la Ley Smith —la Ley de la Mordaza— que prohibía abogar por las ideas revolucionarias, medida que el presidente demócrata había promulgado el año anterior. El verdadero "crimen" que estos dirigentes obreros habían cometido era que estaban organizando efectivamente la oposición política dentro de los sindicatos a la campaña de Roosevelt para atizar el apoyo popular para los objetivos bélicos de los gobernantes norteamericanos, por los cuales iban a mandar a los trabajadores y agricultores a pelear y morir.

Durante el juicio realizado a raíz de la demanda del PST en 1981, uno de los principales testigos del gobierno —Robert Keuch, un vicefiscal general adjunto— fue interrogado por un abogado del PST sobre el decreto ejecutivo en que Roosevelt había ordenado que el FBI incrementara su "investigación" de "actividades subversivas". Keuch contestó que "sencillamente existen maneras en que pueden actuar tanto individuos como grupos que no necesariamente constituyan violaciones de los estatutos criminales" (léase: que son legales aun según el derecho burgués estadounidense). La Casa Blanca estaba preocupada ante todo por aquellos "que intentaban influenciar la opinión pública para mantener a Estados Unidos fuera de la guerra, mantenernos neutrales", dijo el funcionario del Departamento de la Justicia en su testimonio.

El "crimen" de "intentar influenciar la opinión pública" sobre la guerra inminente bastaba para que Roosevelt hiciera trizas la Carta de Derechos.

Esta nueva edición incluye el artículo "La guerra imperialista y la clase trabajadora" de Farrell Dobbs, que trata sobre estos orígenes de la "guerra encubierta" de Washington dentro de Estados Unidos. Dobbs fue uno de los que fueron condenados bajo la Ley Smith, uno de los dirigentes de las campañas de sindicalización de los Teamsters en Minneapolis y el norte del Medio Oeste, y más tarde uno de los dirigentes centrales del PST durante décadas. Escribió esto en 1949 como introducción a la tercera edición de *Socialism on Trial* (El socialismo en el banquillo de los acusados), el testimonio que dio James P. Cannon, secretario nacional del PST, en el juicio de 1941.

Dobbs también recuenta y condena el proceso judicial en Nueva York a principios de 1949 contra 11 dirigentes del Partido Comunista, que se describe en el primer artículo de este libro. Todos fueron declarados culpables, y 10 recibieron la máxima sentencia de cinco años. Dobbs, quien cubrió este juicio amañado cada semana para el *Militant* durante los nueve meses que duró, subraya el golpe político que la dirección del Partido Comunista le propinó al movimiento obrero al negarse a defender a los primeros acusados bajo la Ley Smith durante el juicio de Minnesota en 1941.

De hecho, la dirección del PC aplaudió públicamente el enjuiciamiento e hizo campaña en los sindicatos para sofocar el apoyo a los acusados. Earl Browder, secretario general del partido, y otros dirigentes del PC hasta prepararon un expediente para el Departamento de Justicia con la esperanza de reforzar el caso del gobierno contra los dirigentes del PST y los militantes sindicales. Philip Jaffe, un antiguo dirigente del Partido Comunista, detalla en su libro *The Rise and Fall of American Communism* (El ascenso y la caída del comunismo americano), publicado en 1975, el contenido del expediente, del cual recibió una copia de Browder.

La manera en que la dirección del PC pisoteó la solidaridad obrera más elemental se relata también en un libro publicado en 1993, *Advocate and Activist: Memoirs of an American Communist Lawyer* (Defensor y activista: Memorias de un abogado comunista americano), por John Abt, principal abogado del partido por mucho tiempo y uno de sus cuadros dirigentes remontándose a los años 30. El PC cometió "un error terrible al no defender al PST" durante el juicio de Minneapolis, dijo Abt.

Abt reconoció que en esa época él aceptaba la línea de la dirección del PC. "Nunca nos imaginamos", dijo, "que en el período de la posguerra la Ley Smith sería la principal arma judicial para atacar a nuestro Partido y encarcelar a sus dirigentes".

¡Nunca nos imaginamos! La verdad es que los acusados del PST y de los Teamsters así como sus partidarios lo explicaron una y otra vez a cualquiera que los escuchara en el movimiento obrero (y muchos lo hicieron, según lo demostró el apoyo a la campaña de defensa, dirigida por el Comité de Defensa de los Derechos Civiles, por parte de 150 sindicatos internacionales y locales que representaban a más de 5 millones de trabajadores, así como cientos de

otros individuos y organizaciones).

Unas cuatro décadas más tarde, dijo Abt, participó en una reunión de la dirección nacional del Partido Comunista y la instó a que apoyara la demanda judicial del PST contra el espionaje y el acoso por la policía federal. Subrayó lecciones de lo que había hecho la dirección del PC en 1941. Pero Abt perdió en la votación, "y el Partido de nuevo se negó a defender al PST contra el acoso del gobierno".

Otra conquista política de la campaña del PST contra la Casa Blanca y las agencias policiacas federales es que los fallos de Griesa no distinguen entre los miembros y partidarios del partido que son ciudadanos de Estados Unidos y los que no son. Ambos están amparados por la decisión y la orden judicial (aunque la corte no tomó posición sobre temas concretos respecto a la residencia o la deportación).

Una de las agencias federales que fueron acusadas en la demanda judicial del partido fue la policía de inmigración de los gobernantes norteamericanos. En esa época se llamaba Servicio de Inmigración y Naturalización (SIN). Ahora se conoce como Control de Inmigración y Aduanas (ICE). A pesar del cambio de nombre, es conocida y odiada como "la migra" por los trabajadores que son sus víctimas y por millones de otros que saben cómo los capitalistas la usan para dividir y debilitar la solidaridad y el poder combativo de la clase obrera, los sindicatos y las protestas contra todo tipo de discriminación.

De hecho, la deportación fue uno de los primeros y más brutales garrotes que usaron los patrones y su gobierno en la campaña represiva contra el movimiento obrero después de la Primera Guerra Mundial. En lo que llegó a conocerse como las connotadas Redadas de Palmer, por el nombre del fiscal general norteamericano en esa época, más de 3 mil anarquistas, comunistas y otros militantes obreros fueron arrestados y 750 fueron deportados en 1919 y 1920.

Desde entonces, el Partido Socialista de los Trabajadores ha luchado contra repetidos intentos de la clase gobernante de usar esta arma contra cuadros y dirigentes del partido, y frecuentemente ha movilizado apoyo internacional ampliamente en los sindicatos y entre otros partidarios de los derechos políticos. Además del caso ya mencionado de Héctor Marroquín, ha habido los siguientes intentos infructuosos de deportación, entre otros:

- Carl Skoglund en los años 40 y 50, nacido en Suecia, dirigente fundador del movimiento comunista y del PST y uno de los 18 socialistas y dirigentes de los Teamsters encarcelados durante la Segunda Guerra Mundial;
- Joe Johnson, miembro del partido cuya lucha a mediados de los años 60 se libró usando el folleto, *They Have Declared Me a Man Without a Country* (Me han declarado un hombre sin país); y más recientemente
- Róger Calero, nacido en Nicaragua, dirigente del PST y redactor del semanario *El Militante* que en 2003 derrotó los intentos de la migra de deportarlo cuando regresaba de un viaje periodístico a Cuba y México, y que logró restaurar su condición de residente permanente que había tenido desde 1989.

Para los trabajadores comunistas, defendernos no es principalmente un problema de argumentos jurídicos y tácticas en la corte, aunque los trabajadores de disposición revolucionaria abordan estas cuestiones con la mayor disciplina y atención proletaria a los detalles.

Al igual que todo aspecto de la lucha de clases, la manera en que los trabajadores nos defendemos de casos amañados y otros ataques por el gobierno es ante todo una cuestión *política*. Se enmarca en el avance de la clase obrera por el camino revolucionario rumbo a remplazar el poder estatal de una minúscula minoría de familias propietarias —la dictadura del capital— con el de la gran mayoría, de los trabajadores y agricultores.

Esto ha sido así desde los inicios del movimiento obrero moderno. Se pueden destacar dos ejemplos notables: la campaña de defensa dirigida por Carlos Marx y Federico Engels hace más de 160 años por la libertad de 11 de sus compañeros, quienes fueron objeto de un caso amañado en Alemania bajo cargos de "conspiración" para derrocar al gobierno prusiano después de la derrota de las revoluciones de 1848–49 por toda Europa (lo que llegó a conocerse como el Juicio contra los Comunistas en Colonia); y la campaña por la amnistía que en 1955 logró la excarcelación de Fidel Castro y otros combatientes que la dictadura cubana enjuició y condenó por su asalto insurreccional a los cuarteles militares en Santiago de Cuba y en Bayamo el 26 de julio de 1953. El asalto al Moncada y la trayectoria política dirigida por Fidel Castro, su principal organizador, iniciaron la lucha revolucionaria que en 1959 llevaría al triunfo de la Revolución Cubana contra la tiranía apoyada por Washington de Fulgencio Batista.

El testimonio y las declaraciones ante la corte así como otros documentos para la defensa, preparados por dirigentes obreros al librar estas batallas, en muchos casos se transforman en poderosos instrumentos de propaganda revolucionaria.

Así fue con las *Revelaciones sobre el proceso contra los comunistas en Colonia*, escrito por Carlos Marx durante y justo después del juicio en 1852 en que siete de los 11 acusados fueron declarados culpables. Marx demostró en esas páginas que un juicio por "conspiración" organizado por la clase dominante y su gobierno "no requiere acción procesable" y es "simplemente un pretexto para quemar a herejes políticos legalmente".

Así fue con el testimonio de James P. Cannon en el juicio de 1941 por cargos bajo la Ley Smith, publicado como *El socialismo en el banquillo de los acusados* y vendido desde entonces como una introducción al programa comunista.

Así fue con el alegato, luego reconstruido en la cárcel, que Fidel Castro presentó ante la corte en 1953, *La historia me absolverá*, que se convirtió en el programa no oficial del Movimiento 26 de Julio, difundido clandestinamente en miles de ejemplares por toda Cuba durante la lucha revolucionaria.

Así fue con "Estoy dispuesto a morir", la declaración que Nelson Mandela hizo desde el banquillo durante el juicio en 1964 que lo condenó a cadena perpetua como castigo por su dirección de la lucha revolucionaria para derrocar al régimen supremacista blanco en Sudáfrica.

Al publicarse *Cincuenta años de operaciones encubiertas en EE.UU.* en esta nueva edición, trabajadores y agricultores en Estados Unidos y a nivel mundial están enterándose de otra batalla internacional de defensa —y se están sumando a ella— en números crecientes: la lucha por la libertad de cinco revolucionarios cubanos encarcelados en Estados Unidos desde 1998.

Gerardo Hernández, Ramón Labañino, Antonio Guerrero, Fernando González y René González —conocidos por millones de personas como los Cinco Cubanos— fueron encarcelados por Washington bajo una colección de diversos cargos amañados de "conspiración". Ellos habían estado recogiendo información para el gobierno cubano sobre los planes asesinos de grupos paramilitares cubano-americanos en Florida que han actuado impunemente en territorio norteamericano. Su objetivo era ayudar a poner fin a ataques violentos en Cuba, Estados Unidos, Puerto Rico y otros países.

Durante su juicio y la imposición de sentencias en 2000 y 2001, los Cinco se comportaron con orgullo y dignidad al defender sus principios revolucionarios y rebatir los cargos que las autoridades federales les habían fabricado. Ante todo, se negaron a declararse culpables a cambio de la oferta de una sentencia menor. Cada uno de ellos dijo en su audiencia de sentencia, y lo han reiterado muchas veces desde entonces, que actuaría de la misma manera a fin de poner fin a las muertes causadas por asesinatos y atentados dinamiteros. Como lo expresó Gerardo Hernández, a quien le impusieron la sentencia más severa, una doble cadena perpetua, esta es "sangre por la que un día juré que estaría dispuesto a sacrificar mi propia vida".

A través de los años desde su encarcelamiento, los Cinco se han ganado el respeto de otros presos por su entereza, su ejemplo cotidiano de liderazgo, su consideración por otros reos cuyas condiciones comparten como hermanos, y su explicación paciente de la Revolución Cubana cuyos valores socialistas y de internacionalismo proletario ellos ejemplifican en sus convicciones políticas y su conducta.

Ni la "justicia" capitalista impuesta a los Cinco Cubanos a lo largo de tres administraciones —Clinton, Bush y Obama— ni la conducta ejemplar de los cinco revolucionarios frente a ella representa algo nuevo para el movimiento obrero comunista en Estados Unidos y a nivel mundial. Jack Barnes, secretario nacional del Partido Socialista de los Trabajadores, señaló estas realidades del dominio capitalista y de la lucha de clases en sus palabras ante un mitin en Des Moines, Iowa, en septiembre de 1988, en la víspera del inicio del juicio contra Mark Curtis.

"Mark Curtis no va a recibir un juicio justo", dijo Barnes a los más de 400 participantes en ese evento. "No es en la sala del tribunal donde se decidirá la inocencia y la culpabilidad, ni donde se encontrará la justicia".

"La presunción de la inocencia es una conquista que al pueblo trabajador le ha tomado cientos de años para ganar", dijo Barnes. Es "uno de los hitos más importantes en la marcha hacia la solidaridad humana".

Sin embargo, cuando los trabajadores están en el banquillo de los acusados, desde el punto de vista de los gobernantes capitalistas, "es la presunción de culpabilidad la que impera en los Estados Unidos 'democráticos'", dijo. Los patrones y su gobierno "quieren que los obreros de la industria de la carne, los obreros del papel, los mineros —los trabajadores de todo tipo que van a luchar— capten el mensaje de que hay límites a sus posibilidades de luchar".

Por eso era tan importante la campaña mundial de defensa, dijo Barnes. Los gobernantes capitalistas subestiman a los militantes de disposición revolucionaria, igual que subestiman la fuerza de la solidaridad entre la clase obrera y entre otros defensores de los derechos políticos. Independientemente de lo que sea el veredicto, insistió, "No hay manera posible que logren su objetivo. No van a mantener preso a Mark Curtis por 25 años. No van a ponerlo de rodillas.

"No van a impedir que él siga siendo la misma persona que es hoy, luchando por las mismas cosas, abrigando las mismas convicciones profundas, diciéndolas abiertamente al mundo entero. Lo seguirá haciendo, no importa dónde se encuentre, por el tiempo que sea".

Así ha sido con muchos miles de militantes obreros que han sido objeto de cargos amañados y encarcelados en el largo y tortuoso camino revolucionario hacia el poder de los trabajadores y agricultores en Estados Unidos y por todo el mundo. Seguirá siendo así. Y esa es la lección más importante que corre como un hilo por las páginas de este libro.

Steve Clark
enero de 2014

Cincuenta años de operaciones encubiertas en EE.UU.

Larry Seigle

A fines de 1972, mientras el escándalo de Watergate iba revelando hechos anteriormente ocultos sobre los operativos encubiertos del FBI al interior de Estados Unidos, la dirección del Partido Socialista de los Trabajadores (PST) hizo una propuesta a Leonard Boudin, el abogado constitucional más destacado del país y abogado del Comité Nacional de Emergencia por las Libertades Civiles.

El partido propuso que colaboraran juntos entablando una demanda judicial contra el FBI y otras agencias policiacas federales, a fin de demostrar que el PST y la Alianza de la Juventud Socialista (AJS) tenían derecho a realizar actividades políticas sin ser espiados e infiltrados por agentes provocadores, sin que sus teléfonos fueran intervenidos y sus oficinas allanadas, y sin ser puestos en listas negras y hostigados de múltiples formas por la policía política.

El caso sería un aspecto fundamental de una lucha para demostrar que los operativos del FBI contra el PST violan la Primera Enmienda de la Constitución de Estados Unidos, la cual garantiza la libertad de expresión y asociación, así como la Cuarta Enmienda, que protege la privacidad de los individuos y las organizaciones contra registros arbitrarios por parte de agentes del gobierno.

Jamás se había entablado un caso de esta índole, señaló enseguida Boudin. Los acusados en casos criminales frecuentemente habían logrado ser absueltos a partir de las violaciones de sus derechos constitucionales que el gobierno había cometido al arrestar o enjuiciarlos. Pero había muy pocos precedentes para tomar la ofensiva contra el espionaje y desbaratamiento realizado por el FBI. Y concretamente, ningún tribunal había restringido jamás el uso de soplones por el FBI.

No obstante, Boudin coincidió en que era el momento propicio para intentarlo. Si se lograba movilizar suficiente apoyo público y se recaudaban los fondos necesarios para este esfuerzo masivo, había motivos para creer que se podrían lograr importantes avances para las libertades democráticas. Asimismo, Boudin recalcó que los derechos conquistados para el PST y la AJS —dos grupos comunistas— fortalecerían los derechos de todos en Estados Unidos y ampliarían el espacio político para que el pueblo trabajador pudiera defenderse y luchar por sus intereses. Esto hacía que la iniciativa fuera doblemente valiosa.

Boudin inmediatamente comenzó a preparar el caso. El PST empezó a comunicarse con otros defensores de las libertades civiles para que juntos formaran el Fondo para la Defensa de los Derechos Políticos (PRDF), que organizaría el apoyo público y recaudaría fondos para librar la batalla en los tribunales. En julio de 1973 se entabló la demanda ante una corte federal de distrito en Nueva York. El caso fue asignado al juez Thomas Griesa, republicano nombrado al tribunal por el presidente Richard Nixon.

Trece años más tarde, en agosto de 1986, Griesa emitió

su fallo. La decisión afirma el derecho del Partido Socialista de los Trabajadores y de la Alianza de la Juventud Socialista a divulgar sus ideas y realizar actividades políticas sin intromisión por el gobierno. Griesa dictaminó —el primer fallo de este tipo por un juez federal— que al usar soplones encubiertos contra el PST, el FBI violaba el derecho constitucional del partido y de sus miembros y partidarios a la vida privada, aspecto esencial de la libertad de asociación. También dictaminó que los allanamientos secretos a las oficinas del PST y los operativos de desbaratamiento ("Cointelpros") del FBI eran inconstitucionales.

A partir de esta decisión, Griesa falló que el PST tenía derecho a recibir indemnización por las violaciones de estos derechos constitucionales por una suma total de 264 mil dólares. También decidió emitir una orden judicial a favor del PST para prohibir que las agencias federales usaran archivos con información obtenida por el FBI con métodos declarados ilegales por el juez.

Después de emitir la orden judicial, Griesa considerará una moción presentada por el PST que le exija al Departamento de Justicia pagar millones de dólares en honorarios de abogados por el tiempo dedicado por Boudin y demás abogados que han trabajado sobre la demanda. La cuestión misma del pago de honorarios será importante: en casos anteriores, los abogados que defienden enérgicamente los derechos de comunistas a menudo han terminado en la cárcel por desacato al tribunal, o han sufrido otros atropellos. Al obligar al gobierno a pagar por el trabajo realizado a favor de la demanda del PST, se logrará otra notable victoria para los derechos democráticos.

Los abogados del Departamento de Justicia, encabezados por el procurador general Edwin Meese, están preparando el terreno para apelar la decisión de Griesa, y parece seguro que esta va a llegar hasta la Corte Suprema. Los partidarios del Fondo para la Defensa de los Derechos Políticos ahora están emprendiendo una nueva serie de actividades para divulgar la victoria y su significado, y para movilizar apoyo a la lucha para defender el dictamen en los tribunales superiores.

Por tanto, es un buen momento para tomar perspectiva y examinar las interconexiones entre este caso y la lucha más amplia de los sindicatos y del movimiento del pueblo negro en Estados Unidos por defender el derecho a organizarse y por ampliar el espacio para llevar a cabo actividades políticas sin interferencia del gobierno.

Examinaremos el origen y la continuidad de la guerra encubierta del FBI contra el Partido Socialista de los Trabajadores. También intentaremos contestar algunas preguntas que se habrán hecho muchos de sus partidarios. ¿Por qué el gobierno de Estados Unidos ha organizado un ataque masivo contra una pequeña organización comunista de vanguardia? ¿Por qué es el Partido Socialista de los Trabajadores el que ha tomado la iniciativa y ha colaborado con otras fuerzas para que esta lucha pudiera llegar hasta la etapa actual? ¿Por qué no fueron los socialdemócratas, que tienen muchos más recursos y seguidores que el PST? ¿Por qué no el Partido Comunista, que ha sufrido más que el PST con las campañas ilegales del FBI de espionaje, hostigamiento y desbaratamiento?

Al abordar estas cuestiones, nos toparemos con importantes problemas sobre la perspectiva estratégica de la vanguardia obrera en Estados Unidos y del movimiento comunista internacional en general.

El origen del ataque del FBI contra el PST

En las horas antes del amanecer de un sábado en septiembre de 1939, agentes del FBI en los estados de Iowa y Nebraska se presentaron simultáneamente en los hogares de dirigentes sindicales en Omaha, Des Moines y Sioux City. Funcionarios del sindicato de camioneros Teamsters en las tres ciudades fueron sacados bruscamente de la cama y arrestados. Fueron detenidos bajo cargos recién entablados, acusados de haber incendiado un camión de panadería durante una huelga en Sioux City más de un año atrás.

Actuando bajo la dirección del procurador general, el Departamento de Justicia en Washington coordinó las redadas del FBI. Los arrestos ocurrieron durante un punto de inflexión en la lucha de clases en Estados Unidos, un punto de inflexión cuya importancia solo se esclareció plenamente mucho más tarde.

El arresto de los dirigentes de los Teamsters por la policía federal fue el comienzo del uso sistemático del FBI como arma del gobierno contra los trabajadores y agricultores con conciencia de clase y contra los luchadores resueltos contra la discriminación racista y la opresión nacional en Estados Unidos. Asimismo, la respuesta a las redadas y los arrestos fue el inicio de la lucha de la vanguardia obrera para movilizar a todos los defensores de los derechos democráticos contra la subversión de la Carta de Derechos por parte del FBI. Esta lucha no tardaría en profundizarse.

En 1941 el FBI y el Departamento de Justicia —usando por primera vez la recién promulgada ley de control del pensamiento, la Ley Smith— tomaría acción directamente contra la organización de los Teamsters en Minneapolis, baluarte del poder y la democracia sindical de los Teamsters en la región central del país. Los dirigentes de los Teamsters en Minneapolis eran eficaces promotores de la independencia política de los trabajadores y agricultores frente a los partidos capitalistas.

¿Cuáles eran los antecedentes de los arrestos en septiembre de 1939? Un año atrás, los camioneros de la industria panadera en Sioux City, Iowa, afiliados al Local 383 de los Teamsters, habían salido en huelga contra las panaderías de la ciudad. Reivindicaban aumentos salariales y mejores condiciones de trabajo. Los patrones alegaron que durante la huelga uno de sus camiones, conducido por un esquirol, había sido detenido e incendiado en una carretera cerca de la frontera estatal entre Iowa y Minnesota. El sindicato negó estar implicado. Si realmente se había dañado un camión, explicó el sindicato, probablemente lo habían hecho los mismos patrones para tratar de debilitar el creciente apoyo público a la huelga. El supuesto incidente se convirtió en una sensación momentánea en los diarios de la zona pero pronto fue olvidado. Al menos así parecía.

Se ganó la huelga contra las panaderías. El triunfo tuvo

un efecto positivo en el movimiento sindical de toda la región central. Se produjo en momentos cuando la campaña dirigida por los Teamsters para sindicalizar a los camioneros de larga distancia en todo el valle superior del Mississippi estaba logrando importantes avances. Varios meses después del triunfo de la huelga, la Hermandad Internacional de Teamsters firmó un contrato de un año con la mayoría de las empresas de transporte de carga en 11 estados del Medio Oeste, abarcando a más de 200 mil choferes y ayudantes.

Los funcionarios de los Teamsters acusados de incendiar el camión de panadería eran dirigentes de los locales sindicales más fuertes en esta campaña de sindicalización. El Local 383 en Sioux City era el único que había participado en la huelga de los choferes de panadería. Pero el Local 90 en Des Moines, Iowa, y el Local 554 en Omaha, Nebraska, también eran eslabones decisivos en la estructura regional a través de la cual se estaba organizando la campaña para sindicalizar a los camioneros de larga distancia. Por eso sus dirigentes fueron incluidos en los cargos formulados por el FBI.

El carácter de este proceso amañado quedó evidente en cuanto comenzó el juicio en una corte federal en Sioux City. El caso dependía de un problema de procedimiento judicial: si el gobierno federal tenía competencia judicial para enjuiciar a los dirigentes sindicales, o si solo estaban en juego leyes estatales.

Los abogados del Departamento de Justicia presentaron testimonio de agentes del FBI que se basaba en detallados mapas de carreteras. El chofer había estado viajando hacia el sur, de Minnesota a Iowa, por una carretera que hacía una curva de 90 grados a la izquierda cerca de la frontera estatal, continuaba hacia el este por unas millas y luego hacía otra curva de 90 grados al sur hacia Iowa. Según el FBI, por una extraña casualidad el camión se detuvo justo en un punto donde la frontera estatal pasa exactamente por el medio de la carretera. Los responsables del acto detuvieron el camión del lado de la carretera que era Minnesota, dijeron los testigos del FBI, pero entonces cometieron el error fatal de mover el camión unos metros hacia el otro lado del camino. Esto significaba, según pareciera, que habían cruzado una frontera estatal con un vehículo robado: un delito federal. El juez aceptó esta patraña y ratificó las acusaciones.

"Su argumento era tan torcido como el camino", escribió Farrell Dobbs en el libro *Política Teamster*, que narra la historia de este juicio amañado y el papel importante que ocupó en la ofensiva antisindical que se iba desarrollando.[1*]

Sin embargo, un juez servicial y un jurado prejuiciado aceptaron el testimonio del FBI y los argumentos del Departamento de Justicia. Los siete acusados fueron declarados culpables. Earl Carpenter, Jack Maloney, Francis Quinn y Walter K. Stulz fueron enviados a la prisión federal de Sandstone, Minnesota. Howard Fouts y Ralph Johnson fueron encarcelados en Terre Haute, Indiana. A Louis Miller lo mandaron a Leavenworth, Kansas. Todos recibieron una sentencia de dos años.

Los Teamsters organizaron una campaña de defensa. En un llamamiento difundido entre el movimiento sindical y sus partidarios, Thomas Smith, secretario-tesorero del Local 554 en Omaha, instó a los sindicalistas y a los defensores de los derechos democráticos a que sacaran las lecciones de este caso:

> Para beneficio del movimiento sindical de Estados Unidos, presentamos el historial de las operaciones del FBI contra

* LAS NOTAS COMIENZAN EN LA PÁGINA 123

> el movimiento de los choferes en el Medio Oeste, con la esperanza de que los sindicalistas en todas partes reflexionen a fondo sobre estos hechos; y con la esperanza de que incluso ahora, el peso de la opinión pública haga que el FBI se aleje de su rumbo actual, que sin lugar a dudas está llevando al desarrollo en suelo norteamericano del mismo tipo de policía política antiobrera que sirve de instrumento para las feroces dictaduras en Europa y Asia.

El *Northwest Organizer*, voz del local sindical de los Teamsters en Minneapolis, publicó el relato de Smith sobre estos hechos y su solicitud de apoyo. El periódico recalcó que el juicio en Sioux City junto con otros recientes casos amañados federales contra activistas sindicales dejaban claro "que el FBI está persiguiendo sistemáticamente al movimiento sindical como parte de los preparativos del gobierno de Roosevelt para arrastrar a Estados Unidos hacia la guerra. Roosevelt primero quiere aplastar al movimiento sindical, especialmente sus sectores más progresistas y exitosos".

Las advertencias hechas por Thomas Smith en el *Northwest Organizer* eran completamente atinadas. El caso fabricado en Sioux City anunciaba un fenómeno nuevo e importante.

Durante varios años después de la Primera Guerra Mundial, el FBI había realizado el papel de policía política; en 1919 y 1920 arrestó o deportó a unos 3 mil sindicalistas y activistas políticos (las connotadas "Redadas de Palmer"). Pero después de extensas protestas contra estas y otras acciones del FBI, y de la decaída de la radicalización obrera de la posguerra, los gobernantes capitalistas decidieron no establecer una agencia policial secreta a nivel federal. Más bien dependieron de la policía municipal y estatal, que contaba con "escuadrones antibombas" y "unidades antiextremistas" establecidas, y de las unidades de la guardia nacional estatal en casos de extrema urgencia. Estas agencias municipales y estatales tenían lazos íntimos con grupos antisindicales "ciudadanos" organizados por los patrones y con odiadas agencias privadas de detectives tales como los "Pinkertons", que tenían una larga experiencia con aplastar sindicatos.

Sin embargo, a mediados de la década de 1930 ya iba en ascenso un enorme movimiento social, encabezado por el Congreso de Organizaciones Industriales (CIO). La correlación de fuerzas estaba cambiando a favor de las organizaciones obreras. Los patrones ya no podían depender siempre de sus viejos métodos. Las perspectivas comunistas no contaban ni remotamente con apoyo mayoritario entre el pueblo trabajador, y, efectivamente, seguían siendo las perspectivas de una pequeña minoría. No obstante, a los patrones les preocupaba el hecho de que las posiciones progresistas, anticapitalistas y antiimperialistas promovidas por dirigentes sindicales con disposición de lucha de clases estaban gozando de más receptividad entre una parte importante de las filas del movimiento obrero. Especialmente en tiempos de crisis —como las épocas de guerra— era posible que los criterios minoritarios propugnados por militantes obreros establecidos y respetados ganaran apoyo rápidamente.

Teniendo en cuenta esta realidad, la administración del presidente Franklin Roosevelt expandió y centralizó los poderes de la policía federal.

Durante y después de los escándalos de Watergate a mediados de los años 70, la inmensa envergadura de las operaciones de desbaratamiento, espionaje y provocaciones realizadas por el FBI contra el pueblo de Estados Unidos salió a luz a un nivel sin precedentes. Pero estos operativos no se originaron —según afirman la mayoría de los comentaristas— con la propagación del macartismo en los años 50 o con los intentos de Washington de desbaratar el movimiento contra la guerra en Vietnam y las protestas sociales de los años 60.

La realidad es que estas operaciones del FBI comenzaron en la víspera de la Segunda Guerra Mundial. Fueron esenciales en los preparativos de la clase gobernante capitalista de Estados Unidos para conducir a la nación a una nueva matanza en defensa de sus intereses contra sus rivales imperialistas y contra los pueblos de Asia, África y América Latina que luchaban por liberarse de la dominación colonial. Estas operaciones fueron dirigidas contra la dirección —y la dirección potencial— de las dos principales fuerzas sociales en Estados Unidos que amenazaban con interferir con la capacidad de las familias gobernantes norteamericanas de lograr sus metas: los sindicatos y el movimiento del pueblo negro. El gobierno pretendía aislar a los dirigentes con perspectiva de lucha de clases que pudieran orientar a un movimiento más amplio que fuera surgiendo.

La Segunda Guerra Mundial había estallado en Europa en septiembre de 1939, unas pocas semanas antes del arresto de los dirigentes de los Teamsters en Iowa y Nebraska. El 1 de septiembre las fuerzas armadas de Alemania invadieron Polonia. Dos días más tarde, los gobiernos de Gran Bretaña y Francia declararon la guerra contra Alemania. Washington se proclamó neutral, manteniendo esta posición declarada hasta que los aviones de la fuerza naval japonesa atacaron Pearl Harbor en diciembre de 1941. Pero la neutralidad oficial era una fachada que les permitió a la administración Roosevelt y al Congreso tomar medidas concretas para ingresar a la guerra, mientras evitaban la discusión pública nacional que habría surgido a raíz de un debate en el Senado sobre una propuesta de declaración de guerra.

La campaña guerrerista exigía una arremetida contra el pueblo trabajador en Estados Unidos y contra los derechos democráticos en general. Roosevelt le dio rienda suelta al jefe del FBI, J. Edgar Hoover, para utilizar el FBI contra el movimiento obrero y las organizaciones africano-americanas. La Casa Blanca y el Departamento de Justicia autorizaron secretamente muchos de los métodos ilegales usados por el FBI e hicieron la vista gorda ante otras actividades.

Esta autorización para que el FBI asumiera las funciones de una fuerza policial política se dio sin promulgar leyes, las cuales habrían tenido que proponerse y debatirse en el Congreso. Más bien se logró a través de una "orden ejecutiva", un mecanismo que rápidamente estaba asumiendo un papel importante en las operaciones del gobierno y que se convertiría más y más en un método importante de gobernar en las décadas venideras.

El 6 de septiembre de 1939, Roosevelt emitió una orden ejecutiva para que el FBI "se haga cargo del trabajo investigativo" en asuntos relacionados al "espionaje, contraespionaje, sabotaje, actividades subversivas y violaciones de las leyes de neutralidad". La frase clave era "actividades subversivas", y la decisión más importante fue la de incluir este escurridizo concepto en la lista de responsabilidades del FBI. Aunque ya existían leyes federales contra el espionaje, el sabotaje y la violación de la "neutralidad" de Estados Unidos, ninguna ley explicaba en que consistían las "actividades subversivas".

Dos días más tarde, Roosevelt —nuevamente por orden ejecutiva— anunció una "determinación" de la existencia de una "emergencia nacional". Esto permitió incrementar el presupuesto militar sin tener que pedirle al Congreso que aprobara asignaciones de fondos adicionales, evitando así un debate público más y más agudo sobre la marcha del gobierno norteamericano hacia la guerra. Al mismo tiempo, el presidente ordenó la expansión de las fuerzas del FBI. Roosevelt dijo en una rueda de prensa que su objetivo era evitar la repetición de "algunas de las cosas que sucedieron" durante la Primera Guerra Mundial:

> Hubo sabotaje; hubo mucha propaganda por parte de ambas partes beligerantes, y hubo un buen número de planes concretos tramados en este país por gobiernos extranjeros para tratar de influir en la opinión pública norteamericana... El objetivo es protegerse contra eso y contra la diseminación en este país, por parte de cualquier nación extranjera, de propaganda que tendiera a ser subversiva —creo que es la palabra correcta— contra nuestra forma de gobierno.

Cuarenta años más tarde, en un tribunal en la plaza Foley de Nueva York, altos funcionarios del Departamento de Justicia citarían las palabras de Roosevelt como justificación legal —derivada de los "poderes inherentes" del presidente bajo la Constitución de Estados Unidos— para la campaña del FBI de espionaje, desbaratamiento y provocaciones contra el movimiento negro, los sindicatos, luchadores antibélicos y por la emancipación de la mujer, y organizaciones comunistas tales como el Partido Socialista de los Trabajadores y la Alianza de la Juventud Socialista.

A medida que se desenvolvió el juicio sobre la demanda del PST en la corte del juez Griesa entre abril y junio de 1981, fue quedando más y más evidente que el caso giraba en torno a cuestiones mucho más profundas que determinados abusos del FBI. La evolución histórica del FBI es parte de un fenómeno más amplio en Estados Unidos. Detrás de las actuales amenazas contra el derecho a la vida privada y la libertad de asociación está el régimen arbitrario de un creciente poder ejecutivo federal. Este poder lleva a cabo políticas, tanto en Estados Unidos como en el exterior, que le resultan más y más difíciles de proclamar abiertamente y que son menos capaces de suscitar apoyo mayoritario. Recurre cada vez más a métodos encubiertos para lograr objetivos ocultos o semiocultos.

Entre los principales testigos del gobierno en el juicio sobre el caso del PST estaba Robert Keuch, vicefiscal general adjunto de Estados Unidos. En esa época Keuch era el funcionario de tercer rango en el Departamento de Justicia: uno de aquellos funcionarios del gobierno que se mantienen en sus puestos mientras otros funcionarios más públicos entran y salen a la par de los cambios de administración u otros cambios políticos. Cuando hablaba Keuch, no lo hacía con la voz de una determinada administración sino a nombre de una parte del estado mismo.

La tarea de Keuch en el estrado de los testigos era de argumentar que los operativos del FBI contra el partido —que abarcan las décadas desde el congreso de fundación del partido en 1938— eran legales bajo la Constitución porque habían sido autorizados por el presidente. Según Keuch, el presidente de Estados Unidos tiene el "poder inherente" bajo la Constitución de "proteger nuestro gobierno contra aquellos que pretenden cambiarlo por medios ilegales". De este poder ejecutivo se desprende la autoridad legal para llevar a cabo "investigaciones de inteligencia" como la realizada contra el PST. El objetivo de estas "investigaciones", dijo Keuch, es permitir que los funcionarios del gobierno "tomen medidas para protegernos [¡!] y proteger nuestra forma de gobierno…".

Según Keuch, en 1939 el presidente Roosevelt autorizó que el FBI persiguiera al PST y a otros "subversivos" porque Roosevelt "quería saber cuáles eran las actividades y los objetivos y las intenciones de grupos que potencialmente podrían estar actuando de manera adversa a nuestra forma de gobierno…”.

Cuando se le pidió que definiera el significado de “actuar de manera adversa” y cómo lo distinguía de cometer delitos, Keuch contestó:

> Bueno, por supuesto que hay muchas acciones que se pueden tomar para tratar de influir en la política de Estados Unidos, sus acciones, etcétera, y que no necesariamente implican o constituyen una violación de la ley. Por ejemplo, podría ser un intento de eliminar el programa de clasificación [de documentos secretos del gobierno]. Podría haber agitación a favor de eliminar completamente los programas de seguridad. Un intento de debilitar la defensa de Estados Unidos…
>
> *Sencillamente existen maneras en que individuos y grupos pueden actuar que no necesariamente sean violaciones de los estatutos criminales.* (Subrayado añadido.)

En otras palabras, si uno aboga por ideas y lleva a cabo acciones que no son ilegales —aun según las definen leyes reaccionarias— pero que son consideradas adversas a los intereses de los que están en el poder, uno puede convertirse en blanco de la policía política.

Cuando se le preguntó a Keuch lo que Roosevelt había tenido en mente al usar la palabra “subversivo”, contestó que el presidente se había referido ante todo a los que “intentaban influenciar la opinión pública para que Estados Unidos se mantuviera fuera de la guerra, para mantenernos neutrales”. Roosevelt tenía en su mira a los que estaban ejerciendo su derecho constitucional a la libre expresión para oponerse a la política del gobierno.

Existe una palabra que describe este concepto de la autoridad para usar la fuerza policial a fin de suprimir la disidencia y el debate público entre la población: *totalitarismo.* Es precisamente sobre este peligro que Thomas Smith, el funcionario de los Teamsters en Omaha, advirtió en 1939 al alertar sobre la necesidad de combatir el surgimiento en Estados Unidos del "mismo tipo de policía política antiobrera" utilizada por los regímenes represivos en otros países.

Uno de los principales logros de la demanda judicial del PST ha sido sacar a luz esta expansión verdaderamente totalitaria del uso del poder ejecutivo para regir arbitrariamente, así como poner al descubierto las profundas raíces de este fenómeno.

Blanco de ataque: la lucha por los derechos del pueblo negro

La clase patronal y su gobierno dieron mucha prioridad a su meta de aislar a quienes se oponían al uso de las fuerzas militares estadounidenses para defender los intereses capitalistas en el exterior. Los gobernantes norteamericanos preveían una guerra en la cual su enorme imperio surgiría como la potencia dominante respecto a sus rivales imperialistas, tras lo cual gobernarían sin oposición sobre los pueblos de color en las extendidas partes del globo que proyectaban conquistar para el capital estadounidense. El poder indiscutible que ellos anticipaban que comenzaba con el "Siglo Americano" les permitiría gobernar en su propio país sin mayores dificultades: manteniendo a raya a la clase trabajadora y manteniendo a "los de color" bajo control. Al mismo tiempo, esperaban que la guerra lanzada por Alemania imperialista contra la Unión Soviética debilitaría al estado obrero lo suficiente como para que pudiera ser derrocado en el futuro, abriendo nuevamente ese vasto territorio al capitalismo.

Mientras Washington se aprestaba a ingresar a la guerra bajo la bandera de la lucha contra el régimen supremacista blanco de los nazis y sus aliados, en Estados Unidos los negros estaban combatiendo la opresión racista. Esta lucha se centraba en la batalla para eliminar la segregación racial, que no existía solo en el Sur sino en todas las instituciones del gobierno federal a través del país y en gran medida en las industrias privadas y muchos aspectos de la vida social.

Durante la década de la Gran Depresión, el pueblo trabajador negro había sufrido aún más que sus homólogos blancos. El desempleo entre los trabajadores que eran negros era mucho más alto que entre los trabajadores que eran blancos. Los agricultores negros perdían sus tierras a un ritmo aún más acelerado que los agricultores blancos. La educación, la atención médica y otros servicios sociales eran cualitativamente peores para los negros.

En muchas partes del país, especialmente en el Sur, a los negros se les negaba sistemáticamente el derecho a votar. Las leyes segregacionistas eran respaldadas con el terror extrajudicial para intimidar a quienes intentaran organizar una lucha para cambiar estas condiciones. Los linchamientos eran frecuentes en el Sur bajo el sistema *Jim Crow* de segregación racial. Los miembros de grupos de terror racista como el Ku Klux Klan eran en muchos casos también los policías, los jueces y los funcionarios del gobierno. En todas partes de Estados Unidos la violencia policiaca y los casos fabricados contra negros eran hechos comunes. Hasta el movimiento sindical estaba segregado racialmente en muchas partes del país. Muchos gremios de oficios en la Federación Americana del Trabajo (AFL) excluían a los negros de sus filas, y muchos sindicatos de la AFL organizaban unidades locales distintas para negros y para blancos en los estados sureños.

El ascenso del movimiento por los sindicatos industriales a mediados de los años 30 representó un gran avance en la lucha contra la segregación racial. Los nuevos sindicatos industriales abrieron más puertas a los trabajadores negros, y a menudo buscaron activamente su participación en la sindicalización de las industrias básicas. Los trabajadores negros combativos tuvieron oportunidades para demostrar sus capacidades de liderazgo en muchas batallas sindicales. Pero aún existían barreras raciales, incluso en el seno del mismo movimiento sindical.

En vísperas de la guerra, aún era muy reducida la proporción de trabajadores negros en las industrias básicas. La mayoría de las fábricas que estaban vinculadas a la producción para la guerra aún rehusaban contratar a trabajadores negros. Los programas de capacitación técnica financiados por el gobierno federal no aceptaban a negros so pretexto de que las fábricas dedicadas a la producción bélica de todas maneras no los contratarían.

Las fuerzas armadas norteamericanas estaban segregadas de arriba abajo. Los negros eran colocados en unidades compuestas completamente de negros con oficiales blancos, o eran relegados a ser cocineros, mozos, trabajadores no especializados o sirvientes de la oficialidad blanca. Para el alto mando militar y sus superiores en Washington, era inconcebible que combatieran grandes números de soldados negros, y mucho menos que hubiera oficiales negros con el derecho a mandar de igual manera que sus homólogos blancos.

Un indicio del grado de racismo que enfrentaban los negros en las fuerzas armadas, y en la sociedad en general, fue una orden emitida en un campamento del ejército en Pennsylvania al principio de la guerra. El comandante de la base proclamó que "toda asociación entre soldados de color y mujeres blancas, independientemente de que sea o no voluntaria, será considerada un caso de violación". Bajo la presión de la organización pro derechos civiles NAACP, el Departamento de Guerra se vio obligado a revocar la orden en enero de 1942.

Un número cada vez mayor de negros fue llegando a la conclusión de que era hora de intensificar la lucha contra este tipo de opresión racista. Si Estados Unidos había entrado a la guerra en nombre de la democracia y contra las doctrinas nazis de supremacía de la raza blanca, entonces ya no se podía aplazar más la lucha para cambiar las condiciones en el país. Además, al desarrollarse la guerra en el exterior, el ascenso de las luchas de liberación nacional, especialmente en Asia y el Pacífico, infundieron confianza y combatividad en la lucha contra la opresión nacional al interior de Estados Unidos. Mientras las potencias imperialistas se peleaban entre sí por el reparto del planeta, muchos pueblos coloniales aprovecharon la oportunidad para impulsar la lucha por tomar control de su propio destino. En Estados Unidos, los pueblos de color también vieron la oportunidad de incrementar la lucha por sus derechos.

Sin embargo, los gobernantes estadounidenses presentaron la lucha por la igualdad de derechos de los negros como "interferencia con la campaña bélica". Los partidarios del gobierno en el seno del movimiento obrero y en las organizaciones africano-americanas argumentaron que la lucha contra el racismo en Estados Unidos, por más noble que fuera la causa, debía mantenerse a raya hasta que Estados Unidos ganara la guerra. No se puede permitir, insistieron, que la lucha contra la discriminación racial llegue a interferir con la "unidad nacional" necesaria para ganar la guerra. Esta posición la defendían liberales, los socialdemócratas del Partido Socialista y el Partido Comunista estalinizado.

Un creciente número de negros, especialmente entre

los jóvenes, rechazaron este pretexto para no hacer nada. Un obrero joven que trabajaba en una fábrica de aviones en Wichita, Kansas, expresó el espíritu de esta creciente combatividad en una carta publicada en enero de 1942 en uno de los principales periódicos orientados hacia el pueblo negro, el *Pittsburgh Courier*:

> La mayoría de nuestros dirigentes recomiendan que sacrifiquemos todas las demás aspiraciones a la mayor de todas: la victoria. Yo estoy de acuerdo con eso; pero también me pregunto si no se podría lograr otra victoria al mismo tiempo…
>
> Siendo americano de tez oscura… me pasan las siguientes preguntas por la mente: "¿Acaso debo sacrificar mi vida para vivir solo como mitad de americano?" "¿Será mejor la situación para la próxima generación durante la paz que viene?" "¿Sería demasiado pedir plenos derechos ciudadanos a cambio de sacrificar mi vida?" "¿Vale la pena defender los Estados Unidos que yo conozco?"…
>
> Sugiero que mientras mantengamos la defensa y la victoria por encima de todo, no perdamos de vista nuestra lucha por una auténtica democracia en este país.
>
> La señal de la "V" de victoria se está exhibiendo de manera muy visible en todos los países dizque democráticos que luchan por la victoria contra la agresión, la esclavitud y la tiranía. Si esta señal de la V tiene ese significado para los que hoy participan en este gran conflicto, entonces que los americanos de color podamos adoptar la doble "V" de la doble victoria. La primera V, por la victoria contra nuestros enemigos externos; la segunda V, por la victoria contra nuestros enemigos internos. Porque no cabe duda que quienes perpetúan estos feos prejuicios aquí están tratando —igual que las fuerzas del Eje— de destruir nuestra forma democrática de gobierno.

El *Pittsburgh Courier* adoptó esta sugerencia y lanzó lo que denominó la campaña de la "Doble V". Esta campaña reverberó por todo el país, derivando su fuerza de la expresión de la voluntad de muchos negros a no aceptar que se continuara postergando sus demandas de derechos plenos ciudadanos.

El FBI estaba trabajando a toda máquina para contrarrestar esta creciente lucha por los derechos civiles. Desafortunadamente, los hechos sobre esta cruzada del FBI contra el movimiento negro en esa época siguen siendo desconocidos en gran medida y solo están documentados públicamente de manera incompleta. Pero lo que sí se conoce deja abundantemente claro que la campaña de calumnias, acusaciones falsas, chantaje y asesinatos que el FBI dirigió contra Malcolm X, Martin Luther King, el Partido de las Panteras Negras y otros luchadores por los derechos de los negros en los años 60 no fue una aberración. No fue más que la continuación de la política que comenzó el día que la administración Roosevelt le dio la orden al FBI de perseguir a los "subversivos".

De hecho, desde la óptica del Departamento de Justicia y del FBI, la población negra en su conjunto era por lo menos sospechosa, si no subversiva. El FBI preparó un documento secreto durante la guerra para la administración Roosevelt, titulado "Estudio sobre las condiciones raciales en Estados Unidos". En este informe de 714 páginas, el FBI examinó el problema —sumamente preocupante para ellos— de "por qué ciertos negros o grupos de negros u organizaciones negras han manifestado sentimientos a favor de otras 'razas oscuras' (principalmente la japonesa), o cuáles fuerzas los influenciaron para que en ciertos casos adoptaran ideologías antiamericanas".

La encuesta del FBI llegó a la conclusión de que, si bien pudiera ser exagerado afirmar que "los negros en su conjunto o la gente negra en una determinada zona son subversivos o están influenciados por fuerzas antiamericanas… sí debe señalarse que varios negros y grupos negros han sido objeto de intensas investigaciones, por el hecho de que repetidamente han actuado o han manifestado sentimientos de una manera adversa al esfuerzo bélico de la Nación".

El FBI enfocó su atención especialmente en periódicos tales como el *Pittsburgh Courier*, cuya tirada nacional se había disparado gracias a su campaña de la Doble V. El informe se lamentaba del hecho de que "la prensa negra es una gran instigadora de descontento entre los negros". (Como toda agencia policial, el FBI insiste en que el "descontento" no lo crean la injusticia y la opresión sino los instigadores y agitadores). El informe secreto del FBI se quejaba de que el "tono general" de la prensa africano-americana "en muchos casos no es informativa o útil para su propia raza… Dedica más espacio a supuestos casos de discriminación o maltrato de negros que a temas que son educativos o útiles".

Para recalcarles el mensaje a los directores y redactores de periódicos negros que insistían en decir cosas que no eran "útiles", los agentes del FBI empezaron a visitarlos sistemáticamente. Asimismo, agentes del FBI empezaron a visitar a miembros de grupos como la NAACP, que en muchos casos eran partidarios entusiastas de la campaña de la Doble V. La NAACP, que iba creciendo rápidamente en términos de sus miembros y sus actividades, fue objeto especial de la infiltración de soplones y provocadores del FBI. Cuando 15 marineros negros, asignados a trabajar de mozos para oficiales blancos en Washington, protestaron contra la discriminación racial, la respuesta de la marina fue de pedirle al FBI que investigara a los que estaban protestando. El FBI accedió, e inició una "investigación" completa a nivel nacional contra la NAACP, usando un número masivo de soplones.

"La investigación de la NAACP por el FBI [durante la

guerra]... generó una enorme cantidad de datos en los archivos del Buró [FBI] sobre la organización, sus miembros, sus legítimas actividades contra la discriminación racial y los conflictos internos en algunas de sus secciones locales", declaró un comité del Senado norteamericano en 1975. Pero estos "informes y sus resúmenes prácticamente no contenían datos sobre actividades específicas o planeadas que violaran leyes federales".

A mediados de 1942, el fiscal general Francis Biddle citó a los directores de varios semanarios africano-americanos a la sede del Departamento de Justicia en Washington. Biddle les dijo arrogantemente que sus reportajes sobre choques entre soldados blancos y negros en las bases militares estaban perjudicando el esfuerzo bélico. Biddle no cuestionó la veracidad de los reportajes, pero de todas maneras insistió en que no debían haber publicado estas informaciones. El fiscal general, un liberal y firme partidario de Roosevelt, dijo a los directores que si no cambiaban el tono de sus periódicos, iba "a clausurarlos todos" bajo cargos de sedición.

Entonces, según una descripción de la reunión, Biddle recogió un ejemplar del *Chicago Defender* y

> se quejó de un artículo sobre nueve soldados negros que habían sido transportados por el estado de Alabama y que habían tenido que esperar 22 horas para comer porque los restaurantes blancos en las estaciones de tren se negaban a servirles. Biddle dijo que habría sido mejor que no se hubiera publicado ese artículo. Además dijo que varios otros artículos del periódico "rayaban en la sedición", y que el Departamento de Justicia lo estaba vigilando de cerca en busca de "materiales impresos sediciosos".[2]

Las amenazas de Biddle de enjuiciar a los directores por sedición no cayeron del cielo. Los directores a quien él amenazaba sabían que dirigentes del sindicato de los Teamsters y del Partido Socialista de los Trabajadores habían sido declarados culpables en Minneapolis en 1941 por violar la Ley Smith, que prohibía abogar por ideas revolucionarias. Además, en septiembre de 1942 el gobierno había encausado por sedición a 63 miembros del Templo de Islam (los Musulmanes Negros), incluido su dirigente Elijah Muhammad. Los musulmanes fueron acusados de sedición porque rehusaban aceptar los estereotipos racistas y antijaponeses que eran un aspecto importante de la propaganda bélica de Washington y porque se solidarizaban con los japoneses como pueblo de color. Aunque el Departamento de Justicia no pudo sostener sus acusaciones de sedición, sí logró que Elijah Muhammad y los demás acusados fueran declarados culpables de evadir el servicio militar obligatorio.

El gobierno impidió el envío a soldados en el exterior de periódicos negros que continuaban publicando denuncias del racismo y de otros hechos y opiniones que "no eran útiles". Además, estos periódicos frecuentemente fueron confiscados en las bases militares en Estados Unidos.

A principios de 1943, a pedido de Biddle, el Servicio Postal de Estados Unidos inició un proceso legal para suspenderles el derecho de usar el correo de segunda clase a varios periódicos que mantenían una posición intransigente contra la discriminación racial. Entre estos estaba el *Militant*, cuyos contribuyentes editoriales y directores incluían a miembros del Partido Socialista de los Trabajadores. El Director General de Correos prohibió el envío del *Militant* por el servicio postal, entre otras razones, porque sus artículos incluían la "estimulación de temas raciales". Este mensaje iba dirigido a todo luchador por los derechos de los negros. El *Militant* recuperó su derecho al servicio postal después de un año de lucha, que logró suscitar protestas de dirigentes de organizaciones africano-americanas, sindicatos y grupos pro libertades civiles.[3]

La discriminación racial que los negros combatieron durante la guerra tuvo su contrapartida en el trato que enfrentaron otros pueblos de color a manos del gobierno. Si bien los soldados mexicano-americanos no se vieron segregados en unidades distintas, sí sufrieron discriminación y abusos racistas en las fuerzas armadas de Estados Unidos. En 1943, cientos de chicanos en Los Ángeles fueron golpeados por policías y matones extrajudiciales blancos durante varias noches consecutivas de ataques en barrios mexicano-americanos. Muchas de las pandillas racistas estaban compuestas de marineros o marines fuera de servicio, pero los oficiales militares norteamericanos no hicieron nada para detener los ataques nocturnos o castigar a los responsables. Aunque ninguno de los matones fue arrestado, unos 70 chicanos, víctimas de estos ataques, fueron detenidos por la policía.

La explotación de los trabajadores inmigrantes se intensificó durante la guerra. En 1942 Washington inició el llamado Programa Bracero, que proporcionó a los rancheros capitalistas un flujo constante de mano de obra agrícola superexplotada de México. El gobierno estadounidense financió 120 millones de dólares de los costos para organizar a los que iban a México a reclutar a trabajadores y transportarlos a Estados Unidos durante las épocas de cosecha. Estos trabajadores estaban privados de derechos; por ley no podían sindicalizarse y podían ser deportados al antojo de sus patrones.

El Programa Bracero fue diseñado en parte para contrarrestar la tendencia de alza de los salarios agrícolas causada por la detención de muchos trabajadores agrícolas japoneses-americanos en los meses inmediatamente después del ingreso de Estados Unidos a la guerra. Estos trabajadores estuvieron entre los más de 100 mil japoneses-americanos que fueron detenidos en campamentos durante la Segunda Guerra Mundial.

Esta acción infame se llevó a cabo bajo la autoridad de una orden ejecutiva emitida por Roosevelt en febrero de 1942. Roosevelt autorizó que los comandantes militares designaran zonas "militares" de las cuales "se puede excluir a cualquier o toda persona...". Esta orden se utilizó inmediatamente para proclamar California, Oregon y el estado de Washington como zonas "estratégicas". Todo japonés-americano residente en estos estados fue enviado a campos de concentración. Obligados a resolver sus asuntos personales en unos pocos días o semanas, tuvieron que vender sus fincas, negocios y hogares a precios muy inferiores al valor de mercado. Fueron encerrados en campos inhabitables para los seres humanos: no por algo que hubieran hecho sino por razón de su ascendencia japonesa. No solo fueron recluidos, sino que fueron expropiados así para beneficio de las clases propietarias.

En la colonia norteamericana de Puerto Rico, muchos trabajadores no estaban dispuestos a posponer su lucha por la independencia nacional y contra las miserables condiciones de vida y de trabajo en nombre de una "emergencia en tiempo de guerra". Los obreros azucareros en los cañaverales y los ingenios de la isla libraron huelgas por mayores salarios y condiciones de trabajo decorosas. Los independentistas puertorriqueños fueron un blanco especial del FBI durante la guerra. Unos años atrás, en 1936, Pedro Albizu Campos, dirigente central del Partido Nacionalista de Puerto Rico, había sido condenado y encerrado en una prisión federal en Atlanta bajo cargos amañados de conspirar para derrocar al gobierno e "incitar a la rebelión" contra Estados Unidos. Cuando Washington ingresó a la guerra, el gobierno estadounidense ofreció excarcelar a Albizu Campos y a otros 60 presos nacionalistas si ellos aceptaban suspender las actividades independentistas durante la guerra. Los patriotas boricuas se negaron unánimemente. El Partido Nacionalista votó a favor de rechazar la conscripción en el ejército norteamericano, ya que "Estados Unidos mantiene a Puerto Rico bajo un gobierno militar e ilegal" (cita retraducida del inglés). Washington enjuició a varios militantes del Partido Nacionalista por evasión del servicio militar, incluido su secretario general, Julio Pinta Gandía. En una entrevista concedida en junio de 1945 al *Militant*, Gandía explicó:

> Yo no evado nada. Sencillamente me niego a pelear como esclavo de una potencia imperialista. Combatiré cuanto sea necesario, pero solamente por la libertad y la independencia de mi pueblo. Yo sé que hay muchos jóvenes de Puerto Rico en el ejército de Estados Unidos... Ellos piensan que están luchando por la libertad y la democracia. Pero ya aprenderán... que esa clase de lucha comienza en casa.

En Canadá, el socio imperialista de Washington en el norte, era muy profunda la oposición a la guerra y a la conscripción entre el pueblo de otra nación oprimida y privada de su independencia: los quebequenses. En un referéndum organizado por el gobierno canadiense en 1942 sobre una propuesta para instituir la conscripción, el 80 por ciento de los quebequenses votaron en contra. Un masivo número de personas en Quebec rehusó inscribirse o prestar servicio en las fuerzas armadas. El gobierno canadiense también recluyó y expropió a la población japonesa residente en la costa del Pacífico. Proscribió organizaciones políticas que se oponían al ingreso de Canadá a la guerra, tales como la Liga Socialista Obrera, predecesora de la actual Liga Obrera Revolucionaria.

Blanco de ataque: el movimiento sindical

La cruzada para eliminar a los "subversivos" en nombre de la guerra por la democracia penetró profundamente en el seno del movimiento obrero. Los partidos Demócrata y Republicano proclamaban de dientes para afuera su apoyo a las libertades constitucionales. Pero los partidos capitalistas y sus funcionarios designados en el gobierno aprobaron la expansión gradual de la autoridad del poder ejecutivo para actuar —en público cuando fuera posible, y secretamente cuando fuera necesario— para restringir el terreno amparado por la Carta de Derechos.

A fines de los años 30, los gobernantes de Estados Unidos estaban utilizando los preparativos de guerra más y más como justificación para restringir la democracia y los derechos obreros. La cuestión primordial que enfrentaba el movimiento obrero era qué posición tomar ante la campaña de militarización de la clase dominante.

Entre el pueblo trabajador existía un sentimiento considerable en contra de una nueva guerra imperialista, y las fuerzas antibélicas en el movimiento obrero recibían una respuesta favorable entre muchos sindicalistas. También existía una simpatía generalizada hacia las luchas revolucionarias en los países coloniales por la independencia y la autodeterminación. La llegada al poder del fascismo en Alemania y la derrota aplastante del movimiento obrero alemán reforzaron la voluntad de millones de trabajadores en Estados Unidos de fortalecer sus organizaciones de clase —los sindicatos— como armas en defensa de la clase trabajadora y sus aliados.

La actitud de las fuerzas con perspectiva de lucha de clases en los sindicatos se expresó muy bien en una resolución adoptada en 1938 por la Unión Central del Trabajo de Minneapolis. La aprobación de esta posición fue resultado de una campaña antibélica encabezada por el Local 544 de los Teamsters en Minneapolis, el cual había preparado el camino para ampliar el poder sindical de los Teamsters a través del Medio Oeste con su victoria contra los patrones en 1934, abriendo la puerta a la transformación de Minneapolis en un baluarte del movimiento sindical. Entre la dirección del Local 544 había dirigentes de las fuerzas comunistas que en 1938 iniciaron la creación del Partido Socialista de los Trabajadores.

"Se resuelve", afirmó la resolución:

> 1. Que la Unión Central del Trabajo de Minneapolis, expresando la voluntad de 50 mil sindicalistas, proclama su oposición inmutable a todos los preparativos bélicos y presupuestos militares, y a todos y cada uno de los proyectos de ley que los encarnan; califica la guerra que se va preparando como guerra de conquista imperialista, y proclama su firme oposición a toda guerra lanzada por el gobierno;
>
> 2. Que exigimos que todos los fondos bélicos propues-

> tos actualmente para el presupuesto militar y la expansión naval sean transferidos inmediatamente para ayudar a los desempleados;
>
> 3. Que exigimos la retirada inmediata de todas las fuerzas armadas norteamericanas del Extremo Oriente, ya que únicamente los capitalistas, y no los trabajadores, tienen intereses que proteger allá;
>
> 4. Que afirmamos la decisión de los sindicalistas combativos de apoyar... al valiente pueblo chino en su lucha independentista contra los invasores japoneses y todos los demás explotadores extranjeros;
>
> 5. Que nos sumaremos a todas las demás fuerzas en el movimiento obrero que comparten nuestras ideas con miras a consolidar el movimiento más fuerte posible de resistencia a la guerra y a los guerreristas.

A medida que fue quedando evidente que el Nuevo Trato de Roosevelt también era un trato guerrerista, el movimiento obrero en su conjunto comenzó a replegarse políticamente. Para la segunda mitad de 1937, ya casi se había agotado el ímpetu del ascenso del CIO. Aún se produjeron huelgas importantes, por ejemplo en las industrias automotriz, del carbón y del acero, pero mayormente fueron acciones de retaguardia. La burocracia sindical estaba aferrando su control tanto en el CIO como en la AFL. Cuando el gobierno norteamericano ingresó a la guerra, los altos funcionarios sindicales —con la notable excepción de una agrupación en torno a John L. Lewis en el Sindicato Unido de Mineros (UMWA)— ya aceptaban la idea promovida por Roosevelt de que los intereses de los sindicalistas debían subordinarse a la "unidad nacional". El resultado fue que los sindicatos quedaron más debilitados, una realidad que permaneció oculto de la conciencia de la mayoría de los sindicalistas debido al ascenso económico causado por la expansión de la producción bélica.

Al mismo tiempo, el movimiento sindical continuó replegándose de su posición de vanguardia en la lucha por los derechos políticos y las libertades democráticas. Durante el ascenso del CIO, el nuevo movimiento sindical había luchado por aumentar el derecho de los trabajadores a organizarse, y por consiguiente había ampliado el margen de actividad política para todo el mundo en Estados Unidos. Pero al alinearse con la política bélica bipartidista de la clase gobernante, la cúpula sindical se vio más y más dispuesta a abandonar la defensa de la Carta de Derechos, aun cuando estaban directamente en juego los derechos de los sindicatos. Esto en gran medida les dio mano libre a los capitalistas para usar el poder del gobierno —incluidos el FBI y los tribunales— a fin de intentar aislar o silenciar a las fuerzas en el movimiento sindical que rehusaban seguir la política de guerra de la administración Roosevelt.

Durante la campaña presidencial de 1940, Roosevelt mismo dio la orden de intervenir electrónicamente el teléfono de John L. Lewis, entonces dirigente principal del CIO y del sindicato de los mineros. El presidente consideraba a Lewis como un peligro especial —y posible alborotador— por su decisión de romper filas y negarse a apoyar la reelección de Roosevelt. Al año siguiente, Harry Bridges, dirigente del sindicato portuario en la costa del Pacífico, descubrió una escucha electrónica que el FBI le había puesto a su teléfono. Bridges, quien estaba resistiendo el intento del gobierno de deportarlo por motivos políticos, denunció en público la escucha.

El fiscal general Biddle relató más tarde la reunión celebrada en la Casa Blanca después de las protestas públicas contra la violación de los derechos constitucionales de Bridges. "Cuando todo esto apareció en los periódicos", escribió Biddle, "no pude dejar de sugerirle a[l director del FBI J. Edgar] Hoover que le contara directamente al presidente la historia de la lamentable intervención telefónica. Fuimos juntos a la Casa Blanca. A F.D.R. le encantó y, con una de sus grandes sonrisas, atento a cada palabra, le dio una palmada en la espalda a Hoover cuando este terminó. '¡Edgar, hombre, es la primera vez que te pescan con las manos en la masa!' Los dos hombres sentían una simpatía y comprensión mutua".[4] La imagen es muy reveladora. El presidente liberal, el fiscal general igualmente liberal y el director del FBI comparten una carcajada por la subversión de la Carta de Derechos.

Esto tampoco fue un incidente aislado. En 1937, la Corte Suprema de Estados Unidos había fallado que la ley federal que prohibía las escuchas telefónicas se aplicaba también al FBI. No obstante, en 1940 Roosevelt le ordenó secretamente al Departamento de Justicia que desoyera la decisión judicial:

> Estoy convencido de que la Corte Suprema nunca contempló que su dictamen en este caso específico fuese aplicado a asuntos graves relacionados a la defensa nacional... Por lo tanto, ustedes tienen la autorización así como la orden —en los casos que ustedes aprueben, después de investigar la necesidad en cada caso— de decirles a los agentes investigadores necesarios que ellos son libres de obtener información por medio de aparatos de escucha dirigidos a las conversaciones u otras comunicaciones de *personas sospechosas de cometer actividades subversivas* contra el gobierno de Estados Unidos, incluidos los sospechosos de espionaje. (Subrayado añadido.)

Alrededor de la misma época, el FBI expandió su ejército de soplones y provocadores en los movimientos sindical y negro. El FBI ordenó que sus oficinas locales reclutaran o colocaran a soplones en todas las fábricas cuya producción se destinaba a la guerra: o sea, en la mayor parte de las grandes fábricas del país. A fines de 1942 había casi 24 mil chivatos del FBI que estaban informando sobre actividades sindicales y políticas en casi 4 mil fábricas, minas y plantas.

Caso fabricado en Minneapolis

En 1941, la administración Roosevelt, en colaboración con los altos funcionarios de los Teamsters, tomaron medidas contra la dirección de los Teamsters de Minneapolis. Este liderazgo con perspectiva de lucha de clases había rehusado replegarse de su posición de que el movimiento obrero debe organizarse y decidir sus prioridades independientemente de las necesidades y prerrogativas del gobierno y de los partidos capitalistas. Continuaba abogando por la formación de un partido obrero basado en los sindicatos. Defendía las batallas anticoloniales por la liberación y las luchas por los derechos de las nacionalidades oprimidas en Estados Unidos. Y resistía toda medida que pretendiera socavar el poder del movimiento obrero poniendo los sindicatos bajo el control de agencias del gobierno.

El eje jurídico de la ofensiva antiobrera de la administración Roosevelt fue la aplicación por primera vez de la Ley Smith, medida adoptada en 1940. Por primera vez en Estados Unidos desde las Leyes sobre Extranjeros y Sedición de 1798, esta ley de la mordaza convertía en delito *la expresión de ideas.*

En junio de 1941, agentes del FBI y alguaciles federales efectuaron una redada contra las oficinas de la rama local del Partido Socialista de los Trabajadores en Minneapolis y St. Paul. Se llevaron cajas de publicaciones comunistas de las librerías y bibliotecas en esa sede.

En Washington, el propio fiscal general Biddle anunció los planes para el enjuiciamiento. "Los principales dirigentes del Partido Socialista de los Trabajadores a quienes se está enjuiciando son también dirigentes del Local 544-CIO en Minneapolis", dijo a la prensa. "Se está presentando acusaciones bajo el código penal de Estados Unidos contra personas que han estado participando en actividades sediciosas criminales, y que son dirigentes del Partido Socialista de los Trabajadores y han tomado control de un sindicato legítimo para usarlo con fines ilegítimos". Las arengas de Biddle contra los directores de periódicos africano-americanos dan una idea bastante clara del amplio alcance que el fiscal general le daba al término "actividades sediciosas". Desde la óptica del gobierno, toda actividad sindical que discrepara con la campaña a favor del ingreso a la guerra era ilegítima.

En su arremetida contra los Teamsters de Minneapolis y el PST, el gobierno perseguía tres objetivos.

En primer lugar, se proponía eliminar del movimiento obrero a quienes no aceptaran las metas bélicas imperialistas y la militarización del país. Pretendía intimidar y silenciar a otras personas tanto dentro como fuera de los sindicatos.

En segundo lugar, el gobierno quería liquidar el baluarte de poder y democracia sindical representado por los Teamsters de Minneapolis. La dirección de este sindicato estaba inspirando la emulación de sus métodos de lucha de clases en todo el Medio Oeste del país. Estaba educando a los trabajadores sobre la necesidad de tomar acción sindical socialmente consciente, y de organizarse independientemente de los partidos capitalistas en el terreno político. Si bien estos dirigentes reflejaban una perspectiva minoritaria en el movimiento obrero, eso podía cambiar. La lucha que ellos estaban librando podía convertirse en un punto de convergencia que aglutinara a fuerzas considerables entre los sindicatos, los desempleados, los trabajadores no sindicalizados, los negros y los pequeños agricultores.

En tercer lugar, el gobierno buscaba empujar al PST hacia la clandestinidad. Quería forzar al partido a que abandonara algunas de sus actividades públicas y aceptara que tendría que actuar de forma ilegal, al menos parcialmente. El objetivo de la clase gobernante era restringir el espacio para llevar a cabo la política obrera.

La correlación de fuerzas de clases dictada por el repliegue del movimiento obrero le permitió al gobierno capitalista cierto grado de éxito en su primero y segundo objetivo. Pero el gobierno fracasó totalmente en su intento de empujar al PST a la clandestinidad. Una de las primeras respuestas del partido a las acusaciones fue postular a James P. Cannon, secretario nacional del PST y uno de los acusados, para la alcaldía de Nueva York. El PST lanzó una enérgica campaña para juntar nombres en peticiones a fin de que Cannon apareciera en la boleta electoral. El partido también inició una campaña de defensa a nivel nacional que continuó hasta que el último de los acusados fue excarcelado.

Durante toda esta lucha, el PST afirmó enfáticamente su derecho constitucional a realizar actividades políticas. Editó y distribuyó publicaciones marxistas. Promovió y participó en las actividades de sindicatos, de la NAACP y de otras organizaciones. Los miembros del PST explicaron ideas comunistas a soldados, lucharon junto con ellos contra la discriminación racial en las fuerzas armadas y contra otros abusos a los soldados-ciudadanos, y aprovechó cada oportunidad posible para presentar las perspectivas del partido.

Una cuestión clave en el juicio de Minneapolis fue la oposición del PST a toda política que subordinara los intereses de los sindicalistas, los negros, los soldados, los agricultores y el resto del pueblo trabajador a las ganancias y al poder de los explotadores, quienes exhortaban a la "unidad nacional" en tiempos de guerra para silenciar la oposición a su política. En tiempos de guerra, explicaba el PST, cobran aún más importancia la lucha por la independencia de los sindicatos frente al estado capitalista y la lucha por la democracia sindical.

Los dirigentes del PST convirtieron la corte en una tribuna para explicar las posiciones del partido sobre la guerra. Explicaron que la Segunda Guerra Mundial era en realidad tres guerras combinadas.

En primer lugar, era una guerra para defender a la Unión Soviética, el primer —y en aquel entonces el único— estado obrero, contra los intentos imperialistas, encabezados por los gobernantes alemanes, de derrocarlo y restaurar el dominio capitalista. En este conflicto el movimiento obrero en todo el mundo estaba del lado del estado obrero soviético.

En segundo lugar, era una guerra de liberación nacional, especialmente en Asia. Los pueblos de China, India, Vietnam y otros pueblos colonizados estaban librando luchas de masas contra la ocupación y dominación imperialista, aprovechando el conflicto entre las potencias imperialistas del mundo para luchar por su propia libertad. En esta guerra, toda la humanidad progresista estaba del lado de los pueblos coloniales frente a sus amos imperialistas.

En tercer lugar, era una guerra entre los rivales imperialistas por la dominación del mundo. En este conflicto los gobernantes capitalistas de Estados Unidos y sus aliados, a fin de obtener el apoyo del pueblo trabajador, declaraban que sus objetivos eran la derrota del fascismo y la defensa de la democracia. No obstante, como lo explicó el dirigente del PST James P. Cannon desde el estrado, el pueblo trabajador en Estados Unidos solo podía combatir el fascismo reforzando sus propias organizaciones, y no subordinando sus luchas a una posición de apoyo al gobierno imperialista, estuvieran o no en guerra. Se le preguntó a Cannon:

> ¿Cuál es la posición del partido ante la afirmación de que la guerra contra Hitler es una guerra de la democracia contra el fascismo?
>
> RESPUESTA: Decimos que es una treta, que el conflicto entre el imperialismo americano y el alemán es una pugna por el dominio del mundo. Es absolutamente cierto que Hitler quiere dominar al mundo, pero pensamos que es igualmente cierto que el grupo gobernante de los capitalistas americanos tiene la misma idea, y no estamos a favor ni de uno ni de otro.
>
> No creemos que las Sesenta Familias, dueñas de Estados Unidos, quieran librar esta guerra por algún sagrado principio de democracia. Pensamos que son los mayores enemigos de la democracia aquí en este país. Pensamos que ellos solo aprovecharían la oportunidad de la guerra para eliminar todas las libertades civiles en este país, para lograr la mejor imitación posible del fascismo.[5]

El caso presentado por el gobierno durante el juicio consistió en gran parte del testimonio de chivatos del FBI y otros opositores de la dirección electa del Local 544 de los Teamsters, junto con pruebas tales como ejemplares del *Manifiesto Comunista* y otros libros y folletos de Marx, Engels, Lenin y Trotsky que habían sido incautados de los estantes de la librería.

El jurado emitió un veredicto de culpable contra 18 de los 28 acusados por uno de los cargos formulados: conspiración para "aconsejar y enseñar el deber, la necesidad, la conveniencia y la pertinencia de derrocar y destruir al gobierno de Estados Unidos por la fuerza y la violencia..." Las sentencias fueron dictadas el 8 de diciembre de 1941, el día después de que las fuerzas japonesas atacaron la principal base naval en la colonia norteamericana de Hawai, y el día en que el Congreso votó a favor de una declaración de guerra oficial. Doce de los acusados fueron sentenciados a 16 meses en una prisión federal; seis fueron sentenciados a un año.

Los opositores de esta persecución política se unieron para organizar el Comité de Defensa de los Derechos Civiles (CRDC). El veredicto de culpabilidad suscitó protestas de secciones locales de sindicatos y de consejos sindicales centrales que representaban a más de 5 millones de sindicalistas. Grupos sindicales contribuyeron fondos al CRDC para sufragar las apelaciones judiciales y divulgar el caso. La campaña recibió apoyo de unidades locales de la NAACP en todas partes del país. W.E.B. DuBois, historiador y dirigente de la lucha por los derechos de los negros, declaró su solidaridad con las víctimas de la Ley Smith.

Adam Clayton Powell, entonces miembro del consejo municipal de Nueva York y figura conocida en la comunidad negra, afirmó: "Cada vez que peligren las libertades civiles de cualquier americano o grupo americano, también peligran las libertades civiles de todos, y esto es lo que está en juego en Minneapolis". La Unión Americana de

Libertades Civiles (ACLU) anunció su apoyo a la apelación, y advirtió que la Ley Smith es un "arma peligrosa contra los derechos civiles del movimiento obrero y radicales de todo tipo".

No obstante, el apoyo a la campaña de defensa no fue universal en el movimiento obrero. La mayoría de los funcionarios de la AFL y del CIO guardaron silencio; algunos hasta se pronunciaron en público a favor del enjuiciamiento.

El Partido Comunista estalinizado, que daba apoyo político a la administración Roosevelt y sus llamamientos a la "unidad nacional", asumió una posición traicionera. En el movimiento sindical, el PC era uno de los más fervientes promotores de compromiso de no hacer huelgas, que la mayoría de la cúpula sindical aceptó durante toda la guerra. Cuando el Sindicato Unido de Mineros salió en huelga en 1943, el periódico *Daily Worker* del PC se opuso abiertamente a la huelga y abogó por la "derrota rotunda" de la "línea de [John L.] Lewis" de desafiar el compromiso de no hacer huelgas. En el movimiento negro, el PC se opuso a la campaña de la Doble V, argumentando que demasiado énfasis en la lucha contra la discriminación racial en el ejército y en las fábricas bélicas interferiría con la "unidad nacional". El Partido Comunista también apoyó la detención de los japoneses-americanos, suspendió del partido a sus miembros japoneses-americanos e instó a estos ex miembros a no resistir su propia reclusión.[6]

En armonía con estas posiciones, el Partido Comunista apoyó activamente el enjuiciamiento de los acusados de Minneapolis. El *Daily Worker* calificó a los partidarios del Comité de Defensa de los Derechos Civiles como "instrumentos" utilizados por "agentes de Hitler".

Cuando se anunció el veredicto de culpabilidad, el *Daily Worker* publicó un extenso artículo el 19 de diciembre escrito por Carl Winter, con el titular "Juicio en Minneapolis demuestra que sindicatos desconfían de trotskistas". Winter planteó que no se debía apoyar a los acusados de Minneapolis porque no eran parte legítima del movimiento obrero. Si los fiscales federales merecían ser criticados, dijo Winter, era por presentar falsamente a los dirigentes del PST como comunistas revolucionarios en vez de agentes de Hitler. Continuó diciendo:

> Recibió poca atención el hecho de que al sembrar la desunión en las filas del movimiento sindical, al tratar de socavar y debilitar el esfuerzo general para la defensa y al incitar con saña contra la Unión Soviética, ellos están actuando como quinta columna al servicio de Hitler. Al contrario, la fiscalía aceptó como realidad el disfraz de "radical" bajo el cual se hizo todo esto, y usó las pretensiones trotskistas de ser una combativa organización obrera para obtener la primera condena bajo la reaccionaria Ley Smith.
>
> Si bien el juicio ha despertado una mayor conciencia entre los círculos sindicales y progresistas de Minnesota sobre el peligro del uso indebido de este precedente, se ha manifestado un rechazo general a aceptar la caracterización de los trotskistas como "radicales", según los pintó el fiscal, en vez de su papel demostrado como sirvientes de la reacción. Es notable que hasta la fecha ningún sindicato local, con la posible excepción de los sindicatos que ellos controlan, se ha sumado a los trotskistas en la apelación de su caso…
>
> Si bien el juicio federal a los trotskistas no reveló plenamente su carácter como quinta columna, los actuales sucesos y el creciente estado de alerta del pueblo de Estados Unidos pronto contribuirá a quitarles los colmillos a estas víboras en el seno del movimiento obrero.

Es fácil ver lo nocivo que fue esta posición para el movimiento obrero y para la lucha contra el imperialismo. Pero no es tan fácil entender por qué tantos dirigentes y militantes del PC creían que era la posición correcta, como también creían que era esencial prohibir las huelgas durante la guerra, y que había que poner en último plano la lucha por los derechos civiles de los negros.

La reciente ola de libros y artículos que examinan la historia del Partido Comunista de Estados Unidos, escritos tanto por historiadores académicos como por ex miembros del PC, arroja muy poca luz sobre este tema. Los escritores liberales y socialdemócratas anticomunistas argumentan que los dirigentes del PC simplemente recibían órdenes de Moscú y que los miembros eran engañados o corrompidos para que aceptaran posiciones que ellos no entendían o en las que no creían. Los que simpatizan más con el PC del pasado intentan afirmar —a menudo con argumentos sentimentales— que las posiciones del partido sobre sucesos políticos mundiales no afectaban muchas las actividades cotidianas de los miembros. Por su parte, el Partido Comunista hoy día repudia algunas de las formulaciones más extremas de la época de la Segunda Guerra Mundial, descartándolas como excesos por los cuales un solo individuo fue responsable: Earl Browder, secretario general del PC. (Browder fue botado de la dirección del PC sin miramientos en julio de 1945 por orden del liderazgo del partido soviético.)

Todas estas explicaciones son falsas. Ninguna de ellas explica por qué decenas de miles de trabajadores que se consideraban militantes comunistas comprometidos defendieron y creyeron en las posiciones políticas del partido. No eran tontos, ni eran cobardes. Ni en su gran mayoría eran oportunistas o arribistas.

Los militantes obreros con perspectiva revolucionaria

que se integraron al PC comprendían que el movimiento obrero en todas partes debía defender al estado obrero soviético contra el imperialismo. Reconocían que la Unión Soviética significaba una conquista histórica de la clase trabajadora mundial. Pero en el PC les enseñaron que esto significaba que los intereses coyunturales del gobierno soviético, según los definía el régimen de Stalin, coincidían con los intereses de la clase trabajadora en Estados Unidos y a nivel mundial. Por lo tanto, cualquier otra consideración tenía que subordinarse a las políticas del gobierno soviético en ese momento. Las principales posiciones del PC en Estados Unidos, como en el resto del mundo, eran dictadas de acuerdo con las exigencias —que cambiaban frecuentemente— de la diplomacia de Stalin. Los miembros del Partido Comunista creían que esto respondía a los intereses de la clase trabajadora en Estados Unidos y a nivel internacional, y lo creían profundamente. Los que no compartían esta perspectiva no se quedaban mucho tiempo en el partido.[7]

Después del Séptimo Congreso de la Internacional Comunista en agosto de 1935, el Partido Comunista de Estados Unidos cambió su orientación para dar apoyo político cada vez más abiertamente a la administración Roosevelt y al Nuevo Trato. Esto se ajustaba a la nueva línea de Stalin del Frente Popular. Según esta línea, el único camino para derrotar al fascismo alemán y su creciente amenaza militar a la Unión Soviética era el de subordinar la política obrera independiente a una alianza con gobiernos burgueses y partidos capitalistas liberales en los países imperialistas. En el CIO, el PC se opuso activamente a todo intento dirigido a formar un partido obrero basado en los sindicatos que impugnara a *ambos* partidos capitalistas. El PC libró su campaña presidencial de 1936 en torno a la consigna de derrotar "a toda costa" al rival republicano de Roosevelt.

Sin embargo, cuando Stalin firmó un pacto de no agresión con Hitler en agosto de 1939, los miembros del Partido Comunista inmediatamente se convirtieron en opositores de Roosevelt y de su política de militarización. Después, cuando Hitler hizo pedazos el pacto de no agresión e invadió a la Unión Soviética en junio de 1941, los miembros del PC inmediatamente se convirtieron de nuevo en ardientes defensores de Roosevelt. Hicieron campaña para que Estados Unidos declarara la guerra contra Alemania y Japón. Moscú no necesitó "darles una orden" para que cambiaran su línea de la noche a la mañana. Ellos *creían* que era correcto hacerlo, porque correspondía a las necesidades de la Unión Soviética, según las definía Stalin y según las entendían los militantes del PC.

Uno de los casos más notables de esto fue la posición del PC sobre la revolución colonial. Cuando Estados Unidos, Gran Bretaña y la Unión Soviética formaron una alianza militar, las luchas independentistas en las colonias y semicolonias de las potencias imperialistas aliadas se convirtieron —desde la óptica del PC— en un obstáculo para la lucha contra el fascismo. A los trabajadores de América Latina les dijeron que debían unirse con el imperialismo norteamericano y sus secuaces en cada país.

En Cuba, que oficialmente era una república independiente pero en realidad era semicolonia de Estados Unidos, los estalinistas se proclamaron "los defensores más tenaces de la unidad de nuestro país con Estados Unidos". La dirección del Partido Comunista lo planteó directamente: "¿Por qué no se pone en primer plano la lucha contra el imperialismo?" Y contestó: "la tarea principal de todos los pueblos del mundo hoy es de derrotar el nazismo; todos los demás intereses deben subordinarse a esta tarea". (Las anteriores citas están retraducidas del inglés; las siguientes son las originales).

Blas Roca, entonces dirigente central del partido, hasta citó con aprobación las palabras de Sumner Welles, embajador norteamericano en Cuba, quien dijo que "la era del imperialismo ha terminado".

Los estalinistas cubanos también se empeñaron en profundizar la colaboración de clases con los capitalistas y latifundistas cubanos. (Siguiendo esta línea, el partido abandonó el nombre de "comunista" en 1944 y se convirtió en el Partido Socialista Popular). En 1945 Blas Roca, en un discurso a funcionarios sindicales sobre "La colaboración entre obreros y patronos", criticó a los trabajadores que "no saben apreciar las nuevas condiciones y se aferran a las conceptos que ayer eran enteramente correctos, pero que hoy no corresponden a la realidad". Agregó que en el pasado los socialdemócratas y reformistas llamaban a la "colaboración de clases sin ningún fin concreto, pues ellos no podían admitir que su fin era preservar el capitalismo". Sin embargo, lo que el PSP reclamaba era "la Unidad Nacional, que es una de las formas más altas de la colaboración de clases en el momento presente para fines concretos: derrotar el hitlerismo, garantizar la paz, promover la liberación nacional". El PSP hizo campañas contra las huelgas, a favor de la conscripción universal y a favor de mandar a soldados cubanos a pelear en la guerra imperialista.

Con el viraje de la Internacional Comunista hacia el Frente Popular, el partido cubano afirmó su nueva actitud hacia el dictador proimperialista, el coronel Fulgencio Batista. "Hemos llegado a la conclusión de que Batista está tomando posiciones por una política democrática, popular y progresiva", dijo Blas Roca en la Tercera Asamblea Nacional del partido en enero de 1939. "Basándonos en esta apreciación, hemos decidido adoptar una actitud positiva ante él". Durante la guerra, el partido incrementó su apoyo a Batista, quien nombró a dos dirigentes del PSP a su gabinete en 1943 y 1944.[8]

Por toda América Latina, los Partidos Comunistas siguieron una línea semejante. En una entrevista reciente, Tomás Borge, un dirigente del Frente Sandinista de Liberación Nacional y ministro del interior de Nicaragua, describió los obstáculos que esta política significó para el desarrollo del movimiento obrero en ese y otros países:

> El movimiento obrero de Nicaragua, como organización política, surge el Primero de Mayo de 1944, en plena guerra mundial, mientras el "browderismo" está haciendo de las suyas en este continente. Earl Browder, secretario general del Partido Comunista de los Estados Unidos, sostenía la tesis de que había desaparecido la contradicción antagónica entre la burguesía y la clase obrera. Esta concepción fue desarrollada por un partido anterior al Partido Socialista de Nicaragua, el Partido Vanguardia Popular de Costa Rica.
>
> Aparte de que tuvo mucha influencia la idea de que se debía apoyar a ultranza a todos los gobiernos que hubiesen declarado la guerra al fascismo. Surge el movimiento obrero de Nicaragua con la desviación, en que cayeron otros movimientos obreros políticamente organizados en América Latina, de apoyar a las dictaduras locales.
>
> El Partido Socialista de Nicaragua aparece apoyando a la dictadura somocista. Por eso el marxismo en Nicaragua no tiene historia.
>
> La historia del marxismo en Nicaragua empieza en 1944 y es una historia triste, es decir, no es propiamente aún la historia del marxismo. El marxismo como teoría revolucionaria no puede ser manchado por la tristeza.
>
> En el caso concreto de Nicaragua, los que se llamaban

> marxistas en ese momento se incrustan dentro de una política de conciliación de clases, de apoyo a la burguesía y al imperialismo norteamericano que, como se sabe, en ese momento estaba en guerra con el fascismo. No quiero remontarme a los responsables históricos de esto; no quiero señalar culpables. Así es objetivamente la historia, independientemente de los pecados y de los pecadores.[9]

Para los que no comprendían el marco político estalinista en el cual habían sido formados los miembros de los Partidos Comunistas, los cambios repentinos de estos partidos parecían irracionales. Pero para los que se habían sido entrenados en la escuela del estalinismo, habría sido inconcebible seguir otro curso. Los miembros leales del PC seguían, sin mucha dificultad, los cambios de línea exigidos por las relaciones cambiantes entre Moscú y las distintas potencias imperialistas. Lo que les importaba era la defensa de la Unión Soviética, según la entendían.

Los que rompían con esta posición no tenían motivos para quedarse en el Partido Comunista, y no lo hacían. Esto explica por qué miles, tal vez decenas de miles, de miembros y simpatizantes del Partido Comunista de Estados Unidos que se mantuvieron fieles durante los zigzagueos de su política en los años 30 y 40, y durante los peores días de la reacción macartista en los 50, rompieron definitivamente con el PC cuando el discurso de Jruschov en el 20 congreso del Partido Comunista de la Unión Soviética en 1956 reveló algunos de los crímenes de Stalin contra el estado obrero soviético y su vanguardia. De la noche a la mañana parecía que se les había derrumbado toda su perspectiva mundial.

Con el tiempo, esta trayectoria estalinista erosionó todos los principios comunistas. El PC ya no se guiaba por la mejor manera en que la clase trabajadora y sus aliados, en

Estados Unidos y a nivel mundial, pudieran avanzar por el camino histórico en la lucha contra la explotación y opresión imperialista. En vez de reconocer a la Unión Soviética como baluarte de ayuda para la revolución mundial, los estalinistas subordinaban las luchas de los trabajadores y agricultores a las supuestas necesidades del gobierno soviético.

Los propios miembros del Partido Comunista justificaban esta perspectiva por su convicción de que, independientemente del precio político, la política del régimen de Stalin sí beneficiaba los intereses a largo plazo de la revolución mundial. Pero muchos otros trabajadores no se dejaban convencer tan fácilmente. Así que los verdaderos motivos de las posiciones asumidas por el PC —en torno a una huelga, una lucha por los derechos de los negros o una campaña electoral presidencial— en muchos casos ya no eran idénticos a los "buenos" motivos que les ofrecían a los trabajadores y a sus aliados.

Junto con esto se introdujo la idea, ya generalizada en la época del Frente Popular, de que era necesario y conveniente contar con miembros del partido que no fueran conocidos como comunistas, ni siquiera por sus compañeros de trabajo y sus colaboradores políticos. Así era más fácil ayudar a los liberales, sin correr el riesgo de ponerlos en una situación embarazosa. Se volvió aceptable la idea de mentirle a la clase trabajadora sobre posiciones políticas: todo en nombre de la defensa de la Unión Soviética.

Un resultado necesario de este curso estalinista fue el superfaccionalismo introducido por el PC en el seno del movimiento obrero. El PC conscientemente violentó la tradición de la solidaridad obrera frente a los ataques del gobierno independientemente de las diferencias políticas. Los que discrepaban con las posiciones del Partido Comunista fueron tachados de enemigos de la Unión Soviética, y luego instrumentos o agentes conscientes de Hitler. Los comunistas que proponían una alternativa a la perspectiva de Stalin en la Unión Soviética, incluyendo León Trotsky y otras fuerzas opositoras en el PC soviético y la Internacional Comunista, fueron difamados y muertos por el aparato asesino de Stalin.

Fue al seguir esta trayectoria general que el Partido Comunista de Estados Unidos apoyó el encarcelamiento de los dirigentes del PST por el gobierno bajo la Ley Smith. Al PC no le era posible siquiera contemplar una posición diferente.

Cacería de brujas macartista

Tras la derrota de Alemania y Japón y ante el nuevo ascenso de luchas revolucionarias impulsado por la guerra mundial, Washington rápidamente puso fin a la alianza que había mantenido con Moscú durante la guerra. Pronto la reemplazó con la guerra fría. El gobierno estadounidense y sus aliados británicos y franceses intensificaron sus esfuerzos para frenar el avance de las rebeliones coloniales en Asia y África y la creación de regímenes de trabajadores y agricultores en los países ocupados por el Ejército Rojo después de que este aplastara al Tercer Reich alemán. Con el triunfo de la revolución china en 1949 y el estallido de la guerra de Corea al año siguiente, se agudizó el enfrentamiento entre las potencias imperialistas, por un lado, y la revolución colonial y los estados obreros, por el otro.

En Estados Unidos, el boom económico (que había comenzado durante la Segunda Guerra Mundial, producto de los masivos gastos bélicos) era el nuevo marco dentro del cual se fue desarrollando la lucha entre el trabajo y el capital. En los sindicatos, la burocracia fue consolidando aún más su control. Continuó erosionándose la fuerza del movimiento obrero continuó erosionándose, aunque para muchos sindicalistas era difícil reconocer esta realidad ya que los sindicatos seguían arrancando alzas salariales a pesar de la política y los métodos colaboracionistas de clases de la cúpula sindical. La burocracia sindical y sus partidarios enfocaban la atención de los trabajadores en los aumentos lentos pero graduales de los salarios reales de los sectores de la fuerza laboral que ya estaban organizados en los sindicatos más fuertes. Al mismo tiempo, aceptaban medidas que socavaban el control sindical sobre el ritmo y las condiciones de trabajo y que debilitaban el poder sindical al enredar al movimiento obrero en procedimientos burocráticos y reglamentos restrictivos del gobierno.

En el marco de este repliegue, la cúpula sindical rehusó luchar contra la generalización de la cacería de brujas anticomunista que había comenzado antes de la Segunda Guerra Mundial. En el ámbito de los derechos democráticos, esta época de la posguerra —que llegó a conocerse como la época macartista— se describe a menudo como una ruptura rotunda con el curso político de la administración Roosevelt. Sin embargo, el período macartista, lejos de ser un cambio de política, fue una ampliación de la ofensiva contra las libertades constitucionales que había empezado a fines de los años 30 en nombre de controlar a los subversivos. Muchos de los que habían estado dispuestos a callarse o hasta apoyar al gobierno cuando el FBI había perseguido a los Musulmanes Negros o a John L. Lewis o al Partido Socialista de los Trabajadores, ahora quedaron horrorizados y auténticamente sorprendidos cuando ellos mismos se convirtieron en víctimas de la policía de control del pensamiento.

En el seno del movimiento obrero, las orientaciones estratégicas tanto de los socialdemócratas como de los estalinistas fueron un obstáculo en la lucha por los derechos democráticos.

Los dirigentes del Partido Socialista rechazaban la perspectiva de una lucha revolucionaria de los trabajadores y agricultores contra el capitalismo estadounidense como parte de una lucha mundial. Más bien, intentaban persuadir al pueblo trabajador de que se aliara con elementos ilustrados de la clase dominante de Estados Unidos para defender la "democracia" y oponerse a la creación de nuevos gobiernos de trabajadores y agricultores, los cuales no harían más que propagar lo que ellos condenaban como "totalitarismo comunista".

Cuando los dirigentes del PS hablaban de "nosotros", no se referían al pueblo trabajador del mundo, sino más bien a una alianza con una parte de la clase capitalista. Cuando hablaban de luchar contra "ellos", no se trataba de los explotadores capitalistas, sino de las luchas democráticas revolucionarias en China, Corea y otros países del mundo colonial y semicolonial, y de los comunistas en todas partes. Al iniciarse la guerra fría, la trayectoria de los socialdemócratas coincidió más y más con la del imperialismo norteamericano, lo cual les ganó el nombre de "socialistas del Departamento de Estado".

Si bien algunos miembros y dirigentes individuales del Partido Socialista tomaron una posición de principios en defensa de las víctimas de la cacería de brujas, el curso político del partido socavó la lucha política contra esta persecución. La tradición del movimiento obrero combativo en este país había sido la defensa de todas las víctimas de la represión gubernamental como cuestión de principios. Desde esta perspectiva de clase, no importaban las pruebas de "culpabilidad" que el gobierno ofreciera. Durante los años del macartismo, los socialdemócratas siguieron un camino opuesto: argumentaron que la cacería de brujas no debía perjudicar a los "inocentes", sino que debía dirigirse únicamente contra los verdaderos espías, los verdaderos comunistas, los verdaderos "subversivos". Los que no podían *demostrar su inocencia* a satisfacción de estos guardianes de la democracia no recibían apoyo alguno.

La lucha contra la cacería de brujas también se vio maniatada por la trayectoria del Partido Comunista, cuyos miembros y partidarios fueron las principales víctimas de la persecución y el acoso por parte del gobierno. El partido estalinista era de lejos la organización más grande que hablaba en nombre del marxismo en Estados Unidos. El PC ya había disminuido un poco de tamaño a raíz de la conservadurización política de la clase trabajadora, producto de la relativa prosperidad de la posguerra. Además había perdido la buena voluntad de muchos trabajadores con conciencia de clase debido al intenso faccionalismo del partido y su apoyo al compromiso de no hacer huelgas y a la ofensiva antisindical del gobierno durante la guerra. No obstante, el PC aún contaba con la lealtad política de cientos de miles de trabajadores y podía obtener la colaboración activa de muchos más en defensa de las libertades civiles a pesar de discrepancias políticas.

Sin embargo, el Partido Comunista resultó incapaz de movilizar apoyo para librar una lucha eficaz contra la represión por parte del gobierno. Durante el período del Frente Popular, el PC se había orientado hacia fuerzas capitalistas liberales y hacia los dirigentes de sindicatos y del movimiento negro que apoyaban a los liberales, y los había servido fielmente. Con el inicio de la guerra fría, estas fuerzas capitalistas se volvieron contra el PC, como también lo hicieron sus lugartenientes en el movimiento obrero. Por lo tanto, muchos miembros del PC considera-

"Estaba creciendo la contradicción entre lo que la clase dominante se veía obligada a hacer contra sus enemigos de clase en Estados Unidos y el mundo, y lo que podía proclamar abiertamente como sus metas y métodos".

FLAX HERMES/MILITANT

GLEN CAMPBELL/MILITANT

A principios de los años 70, las revelaciones de "Watergate" sobre escuchas telefónicas y allanamientos por la administración Nixon contra sus opositores políticos capitalistas pusieron de relieve las operaciones secretas del FBI, la CIA y otras agencias policiales políticas. El Partido Socialista de los Trabajadores entabló un pleito judicial por el espionaje y acoso a organizaciones obreras.

ARRIBA: Rueda de prensa en Nueva York donde se anunció la demanda del PST, julio de 1973. De la derecha: Linda Jenness, candidata del partido a presidenta de EE.UU. en 1972; el abogado constitucional Leonard Boudin; Andrew Pulley, candidato vicepresidencial del PST.

ABAJO: Piquete en Cleveland contra director del FBI Clarence Kelley, septiembre de 1976. Los carteles dicen: "FBI: Falsificadores, Bandidos, Informantes — Castíguenlos " y "Cárcel para delincuentes del FBI".

"Al salir a luz Cointelpro y otras operaciones del FBI, quedó claro que los métodos que el gobierno capitalista usaba contra enemigos de clase en otros países eran una extensión de su guerra contra sus enemigos de clase en EE.UU."

MARK SATINOFF/MILITANT

STUART KIEHL/MILITANT

El gobierno de EE.UU. desbarató y acosó a organizaciones pro derechos de los negros, por la emancipación de la mujer, antibélicos y comunistas.

ARRIBA: Marcha en Washington en apoyo al derecho de la mujer a optar por el aborto, noviembre de 1971.

ABAJO: Manifestación en Nueva York exige retirada inmediata de tropas de EE.UU. de Vietnam, mayo de 1971.

ELI FINER/MILITANT

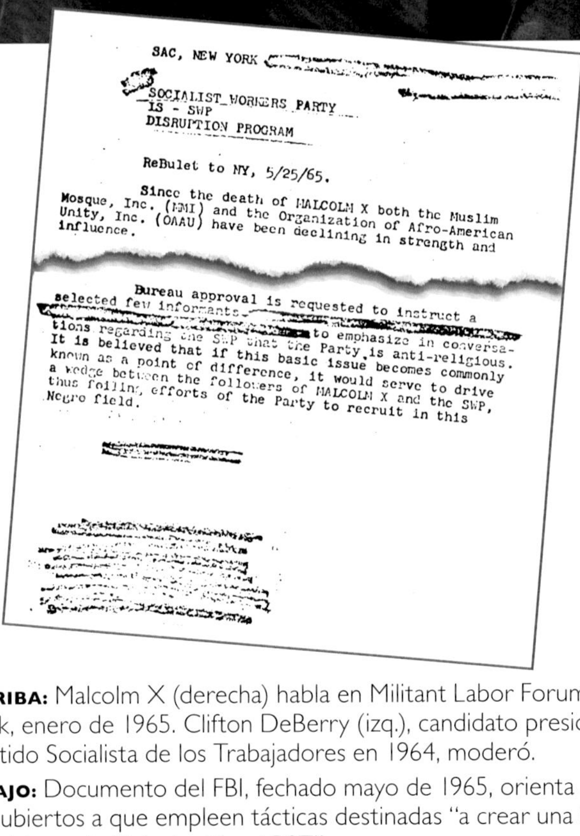

SAC, NEW YORK

SOCIALIST WORKERS PARTY
IS - SWP
DISRUPTION PROGRAM

ReBulet to NY, 5/25/65.

Since the death of MALCOLM X both the Muslim Mosque, Inc. (MMI) and the Organization of Afro-American Unity, Inc. (OAAU) have been declining in strength and influence.

Bureau approval is requested to instruct a selected few informants to emphasize in conversations regarding the SWP that the Party is anti-religious. It is believed that if this basic issue becomes commonly known as a point of difference, it would serve to drive a wedge between the followers of MALCOLM X and the SWP, thus foiling efforts of the Party to recruit in this Negro field.

ARRIBA: Malcolm X (derecha) habla en Militant Labor Forum en Nueva York, enero de 1965. Clifton DeBerry (izq.), candidato presidencial del Partido Socialista de los Trabajadores en 1964, moderó.

ABAJO: Documento del FBI, fechado mayo de 1965, orienta a agentes encubiertos a que empleen tácticas destinadas "a crear una brecha entre seguidores de Malcolm X y el PST".

"A mediados de los años 30, crecía un enorme movimiento social en las minas y fábricas. Los patrones sabían que los criterios propugnados por respetados militantes obreros comunistas podrían ganar apoyo rápidamente".

ARRIBA: St. Louis, mayo de 1932. Desempleados, veteranos de la Primera Guerra Mundial, van rumbo a Washington exigiendo pago federal de una "bonificación al soldado". La "Marcha por la bonificación" fue una de las primeras acciones de masas del pueblo trabajador durante la Gran Depresión.

ABAJO: Trabajadores se defienden de ataque policial durante huelga de los Teamsters en Minneapolis en 1934. Con esta lucha de cinco semanas, se estableció el sindicato en la industria camionera de la ciudad y se abrió paso a la sindicalización de los camioneros de largo distancia y otros trabajadores en todo la región central.

MINNESOTA HISTORICAL SOCIETY

AP/WIDEWORLD

WALTER REUTHER LABOR LIBRARY

ARRIBA IZQUIERDA: El director del FBI J. Edgar Hoover (a la der. de la bandera) en la Casa Blanca, mayo de 1934, cuando el presidente Franklin Roosevelt promulgó leyes que aumentaban poderes de la policía federal para usarlos contra el movimiento obrero.

ARRIBA DERECHA: Condado Grant, Minnesota, 1935. Marcha de la Farmers Holiday Association, que resistía ventas hipotecarias de fincas y organizaba paros agrícolas para obtener mayores pagos de las empresas capitalistas de alimentos.

ABAJO: Huelga de ocupación en General Motors en Flint, Michigan, enero de 1937, año en que automotrices y otros obreros realizaron 250 ocupaciones de fábricas. Los huelguistas lograron el reconocimiento del UAW como sindicato industrial.

"En 1941, fiscales federales tomaron medidas contra la dirección de los Teamsters de Minneapolis y del Partido Socialista de los Trabajadores. Por primera vez usaron la Ley Smith, una ley de la mordaza que convertía en delito la expresión de ideas".

THE INDUSTRIAL ORGANIZER

Official Organ of Motor Transport and Allied Workers Industrial Union Local 544-CIO

Labor Fighters Against War Go On Trial Monday

Blair's Latest Move: Backs Company Union

Tobin's Quislings and Blair

Hounded by Biddle For Anti-War Views

THE MILITANT

Formerly the SOCIALIST APPEAL

Official Weekly Organ of the Socialist Workers Party

NEW YORK, N. Y. SATURDAY, JULY 19, 1941

SOCIALIST WORKERS PARTY, 544-CIO LEADERS INDICTED

Indicted Union Leader

Indicted Party Leader

FBI Frameup Is Aid To Tobin's Anti-CIO Drive

James P. Cannon's Statement On FBI Frameup of the CIO and SWP

The Honor Roll: Those Indicted In St. Paul

Roosevelt Ordered FBI To Aid Tobin Against CIO, Says Goldman

[Titulares dicen: "Militantes obreros opuestos a la guerra van a juicio el lunes" y "Acusados líderes del Partido Socialista de los Trabajadores y del Local 544-CIO"]

MILITANT

Dieciocho dirigentes del Local 544-CIO y del PST fueron encarcelados en 1943 bajo cargos amañados de "conspiración para abogar por el derrocamiento del gobierno norteamericano por la fuerza y la violencia". Los gobernantes de EE.UU. pretendían depurar al sindicato de quienes se opusieran a las metas bélicas imperialistas, eliminar el baluarte de poder sindical en Minneapolis y forzar al PST a abandonar sus actividades públicas.

PÁGINA OPUESTA, DERECHA: Policías allanan sede del PST en Minneapolis, junio de 1941, confiscando cajas de libros, folletos y periódicos.

PÁGINA OPUESTA, IZQUIERDA: ediciones en 1941 del *Militant* y del *Industrial Organizer*, periódico del Local 544-CIO, hacen campaña contra caso amañado antiobrero de la administración Roosevelt.

ARRIBA: Minneapolis, 31 de diciembre de 1943. Dirigentes del PST y del Local 544-CIO marchan a la corte federal para comenzar sentencias de hasta 16 meses. Al frente están (de la izq.) V.R. Dunne, James P. Cannon y Carl Skoglund.

“Durante la Segunda Guerra Mundial, muchos trabajadores rehusaron detener la lucha contra las miserables condiciones de vida y trabajo en nombre de una ‘emergencia en tiempo de guerra’ ”.

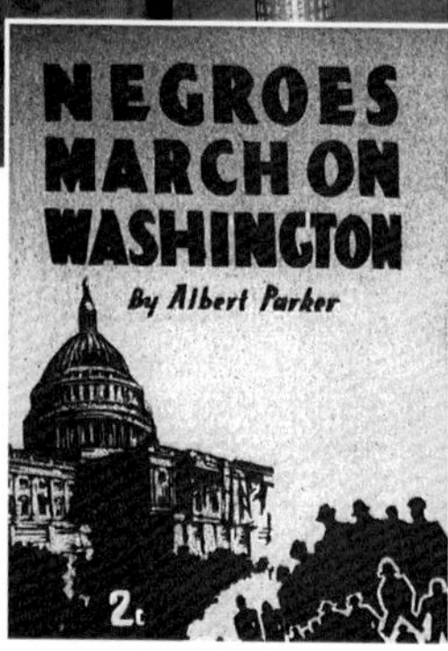

ARRIBA: Miembros del sindicato minero UMWA en huelga en Ohio, mayo de 1943. En respuesta a amenazas rompehuelgas del gobierno, los mineros respondieron: “No pueden sacar el carbón con bayonetas”.

En 1941, organizaciones pro derechos de los negros convocaron a una Marcha en Washington para reclamar el fin de la segregación racial en las industrias bélicas y en las fuerzas armadas. Sus dirigentes, bajo presión del gobierno, cancelaron esa marcha pero organizaron manifestaciones en 1942 y 1943 en Nueva York, Chicago, Detroit y otras ciudades.

ABAJO: Folleto de la editorial Pioneer, antecesora de Pathfinder, apoya movimiento por la Marcha en Washington en 1941; afiche promueve sus demandas.

ARRIBA: Yabucoa, Puerto Rico, enero de 1942. Huelguistas azucareros rechazaron acusación de que "saboteaban defensa nacional" y ganaron alza salarial del 20 por ciento en toda la isla.

En 1936 Washington encarceló a Pedro Albizu Campos, líder del Partido Nacionalista de Puerto Rico, y a otros 60 nacionalistas bajo cargos fabricados de "conspiración" para derrocar al gobierno. Durante la II Guerra Mundial, los militantes presos rechazaron la oferta de ser liberados a cambio de suspender actividades independentistas y apoyar el servicio militar.

CENTRO: Albizu Campos se dirige a huelguistas cañeros en batalla anterior, enero de 1934.

ABAJO: Protesta contra conscripción en Quebec, noviembre de 1944, cuando el gobierno dio orden de movilizar a 16 mil conscriptos al extranjero.

"Lo que llegó a conocerse como la época macartista se describe a menudo como una ruptura rotunda con los años de Roosevelt. Al contrario, fue una extensión del ataque a las libertades constitucionales que esa administración comenzó".

Workers of the World, Unite!

WHAT DID CIO GET FROM RELIANCE ON TRUMAN?
An Editorial

THE MILITANT

PUBLISHED WEEKLY IN THE INTERESTS OF THE WORKING PEOPLE

CP TRIAL VERDICT HITS RIGHTS OF ALL

Lewis Urges Joint Labor Defense Fund to Support CIO Steel Strike

Conviction of 11 Stalinists Emphasizes Need for United Front Against Witch-Hunters

MILITANT, NOVIEMBRE DE 1949

En 1949, 11 dirigentes del Partido Comunista fueron encarcelados bajo cargos de violar la Ley Smith, la misma ley de control del pensamiento que se usó ocho años antes contra dirigentes del PST y de la Teamsters. El PC había apoyado el enjuiciamiento federal de los acusados de Minneapolis.

ARRIBA: Protesta en Filadelfia en octubre de 1949, dos semanas antes del inicio en Nueva York del juicio a dirigentes del PC. **ABAJO:** El *Militant* hizo campaña por una defensa unitaria de las víctimas del caso amañado. Titular dice, "Veredicto en juicio al PC atenta contra derechos de todos".

BIBLIOTECA DEL CONGRESO

MILITANT

Julius y Ethel Rosenberg fueron arrestados en 1950, enjuiciados por "conspiración" para cometer espionaje en 1951 y ejecutados en junio de 1953. La dirección del PC no organizó una campaña de defensa para ellos, esperando proteger al partido de acusaciones de que algunos de sus miembros habían espiado para la Unión Soviética.

ARRIBA: Defensores de los Rosenberg en Nueva York van rumbo a protesta en Washington, 18 de junio de 1953. Los dos fueron ejecutados al día siguiente. **RECUADRO:** Ethel y Julius Rosenberg, marzo de 1951.

James Kutcher, veterano de la II Guerra Mundial sin piernas y miembro del PST, despedido de una agencia federal durante las depuraciones de "lealtad" en 1948, recuperó su puesto tras ocho años de lucha apoyada por cientos de sindicatos y otras organizaciones en todo el país.

ABAJO: Kucher busca apoyo en congreso del CIO en Ohio, noviembre de 1949.

A mediados de los 50, el FBI inició operaciones de "Cointelpro" (contrainteligencia) contra el PC, grupos negros y el Partido Socialista de los Trabajadores para "penetrar, desorganizar y desbaratarlos", según lo expresó J. Edgar Hoover.

Page 10 THE WORKER, SUNDAY, JULY 12, 1964

N.Y. Communists Denounce Albertson as Informer

(Reprinted from The Worker of July 7)

The Communist Party of New York State, after a thorough investigation and on the basis of irrefutable evidence, has disclosed that William (Bill) Albertson has operated as a police agent within the ranks of the party. Assiduously covering up his nefarious activity, Albertson succeeded in attaining a position of trust and responsibility. With callous and malicious intent he violated the confidence entrusted in him to perform the role of stoolpigeon and informer against those whom he called his comrades, his friends, men and women who are devoted fighters for peace, freedom and equality.

Because the facts accumulated remove every shadow of doubt that Albertson lived a life of duplicity and treachery—posing as a dedicated defender of the

ALBERTSON

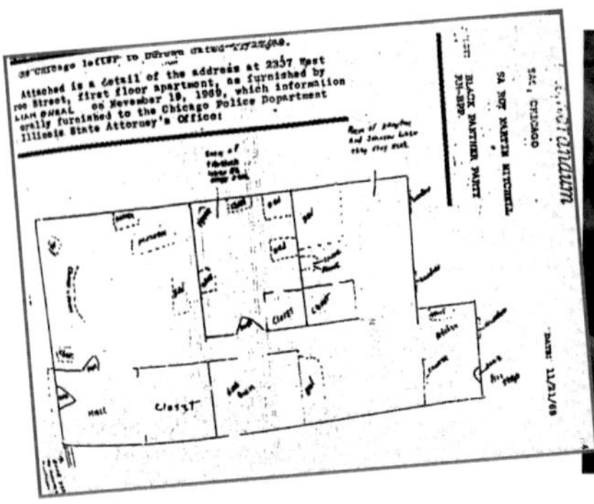

ARRIBA: Encabezado del *Worker*, periódico del Partido Comunista, julio de 1964, dice, "Comunistas en NY denuncian a Albertson como chivato". El FBI fabricó materiales para identificar a William Albertson, presidente del PC en Nueva York, como soplón. La dirección del PC cayó en la trampa y lo expulsó públicamente. Posteriormente se revelaron documentos en que el FBI se jactaba de haberle colgado el rótulo falso de "chivato".

Fred Hampton y Mark Clark, dirigentes de los Panteras Negras, fueron asesinados en 1969 en una redada policiaca nocturna de un apartamento en Chicago. **ABAJO DERECHA:** Hampton habla en manifestación en Chicago, octubre de 1969. El guardaespaldas de Hampton, un soplón del FBI, le dio a la policía un plano del apartamento (abajo izquierda).

MILITANT

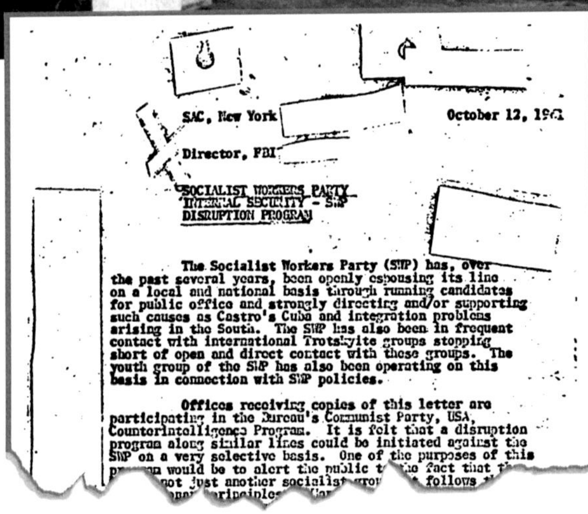

SAC, New York

October 12, 1961

Director, FBI

SOCIALIST WORKERS PARTY
INTERNAL SECURITY - SWP
DISRUPTION PROGRAM

The Socialist Workers Party (SWP) has, over the past several years, been openly espousing its line on a local and national basis through running candidates for public office and strongly directing and/or supporting such causes as Castro's Cuba and integration problems arising in the South. The SWP has also been in frequent contact with international Trotskyite groups stopping short of open and direct contact with these groups. The youth group of the SWP has also been operating on this basis in connection with SWP policies.

Offices receiving copies of this letter are participating in the Bureau's Communist Party, USA, Counterintelligence Program. It is felt that a disruption program along similar lines could be initiated against the SWP on a very selective basis. One of the purposes of this program would be to alert the public to the fact that ... not just another socialist group ... follows ...

El FBI lanzó un "Programa de Desbaratamiento del Partido Socialista de los Trabajadores". Una de las razones que dio era el apoyo del partido a la Revolución Cubana.

ARRIBA: Los Ángeles, mayo de 1970. La sede del PST después de atentado incendiario por escuadrón paramilitar contrarrevolucionario cubano, uno de los grupos con una larga historia de colaborar con el FBI y la CIA. El ataque, efectuado al mediodía mientras cuatro personas estaban adentro, fue el sexto contra el PST en Los Ángeles en dos años.

ABAJO: Documento del FBI en octubre de 1961 detalla "programa de desbaratamiento" contra el partido.

"La demanda judicial del PST fue una iniciativa política sin precedentes. Trabajadores comunistas —junto a otros sindicalistas, agricultores y otros— eran los demandantes. Agencias y funcionarios del gobierno eran los acusados. No al revés". —*De la introducción*

La demanda llegó a juicio en abril de 1981. **ARRIBA:** El abogado del gobierno Edward G. Williams (última fila, derecha), el juez Thomas Griesa (en la tribuna), el dirigente del PST Farrell Dobbs (prestando testimonio) y la abogada del PST Margaret Winter (derecha).

"Una revolución," afirmó Dobbs, "es el proceso acumulativo de la educación y organización de la clase trabajadora para actuar a nombre propio. Es la única forma en que se puede llevar a cabo una transformación social".

DIBUJOS DE DIANE JACOBS/MILITANT

ARRIBA: Jack Barnes, secretario nacional del PST, explicó que el partido lucha por un gobierno de trabajadores y agricultores, "una democracia soviética socialista en que el pueblo trabajador dirija el país y amplíe la participación de la mayoría de la población en la economía y la política del país". La Revolución Cubana, dijo, "hizo el mayor intento de hacer esto desde la Revolución Rusa dirigida por los bolcheviques en 1917".

ABAJO IZQUIERDA: Robert Keuch, vicefiscal general adjunto en la administración Carter. Dijo a la corte que las operaciones del FBI contra el PST habían sido autorizadas por Franklin Roosevelt, quien tenía el "poder inherente" como presidente de "proteger nuestra forma de gobierno".

ABAJO DERECHA: Herbert Brownell, fiscal general en la administración Eisenhower, insistió en que una "orden presidencial" de 1956 fue base jurídica suficiente para las operaciones encubiertas del "Cointelpro" del FBI.

"Los derechos conquistados por el Partido Socialista de los Trabajadores ampliaron el espacio político para los trabajadores que buscan defenderse y luchar por sus intereses".

DAILY NEWS

220 E. 42d St. New York, N.Y. 10017

JAMES HOGE, *Publisher and President*

F. GILMAN SPENCER, *Editor* MICHAEL PAKENHAM, *Editorial Page Editor*

JAMES P. WILLSE, *Managing Editor*

. . . as a freedom is affirmed

One of the fundamental principles of the Constitution is that people are free to say things and to advocate political opinions the majority of Americans disagree with. Federal Judge Thomas Griesa has rightly reaffirmed that in a case brought by the Socialist Workers Party.

For 36 years, the FBI tried to disrupt the party. It planted 1,300 informers in the party (in the 1960s, 10% of party members were on the FBI payroll). The bureau burgled SWP premises 193 times and carried out 46 disruptive operations to cause the party "internal mistrust and strife."

That went on from 1941 to 1976, under every President from FDR to Ford—and mainly under FBI Director J. Edgar Hoover. The FBI never uncovered a single instance of "planned or actual espionage, violence, terrorism or efforts to subvert the governmental structure of the U.S."

The SWP sued the FBI for $40 million. It won its case ...

The New York Times

[EDITORIAL, FRIDAY, OCTOBER 10, 1975]

Enough Is Enough

The official position of the Federal Bureau of Investigation and the Department of Justice on the bureau's counterintelligence program (Cointelpro) is that it was foolish, misguided and sometimes illegal and that it was ended in April, 1971. Yet, according to F.B.I. documents recently obtained by the Socialist Workers' party in a lawsuit against the bureau, some Cointelpro techniques were being employed at least as late as December, 1973.

The documents show that after April, 1971, the bureau continued to contact members of the Socialist Workers' party and its youth affiliate to inform them of the bureau's knowledge of their political activities and then to seek more information about those activities. The bureau also continued to contact members of the organization by telephone to gain personal information about them under the pretext of doing a jury duty survey. ...ch methods were used on at least 34 occasions ...ter the program was supposedly ended.

The Socialist Workers' party is a legal American political organization. Although it has been the subject of ...iretap surveillance for thirty years, no indictments and ... convictions have been obtained by the Government. ...e only conceivable purpose of the continuation of the ...intelpro techniques is harassment and disruption of ...gitimate political activity.

Attorney General Levi has recently expressed his high ...gard for the F.B.I. and has characterized some recent ...iticism of the organization as unfounded. The criticism ...ight fade more quickly if it were clear to the bureau ...at disruption of legitimate political activity is not part ... its mandate and if it could be demonstrated to the ...merican people that when the Government says it has ... conduct, it actually

A Teacher Learns How the FBI Tried to Get Her Fired

The Washington Star

HOUSTON CHRONICLE FINAL

FBI Tried to Ban UH Socialist Unit

Agency Reports Tell of 1970 Harassment

The Guild Reporter

Documents reveal how FBI misused the press

FBI Fanned Disc...

HARPER'S WE... A JOURNAL OF CIVILIZATION

FBI Stoops to New Low

When they're really out to get you, the FBI will write anonymous letters to your parents or your boss. A tasty case study in deviousness. Page 3.

Exposure of FBI plots against socialists and many others provoked big headlines in nation's press

MUHAMMAD SPEAKS

AUGUST 1, 1975

Young Socialists say

FBI sought help of Atlanta paper to foil war demonstration

By Harold 4X

Charlotte Observer

ARRIBA: Titulares por todo el país, desde el *New York Times* hasta *Muhammad Speaks*, destacaron revelación de operaciones del FBI gracias a la demanda del PST. Editorial del *Daily News de Nueva York* ("…al reafirmarse una libertad") en agosto de 1986 acoge fallo judicial. Editorial del *New York Times* ("Basta ya") en octubre de 1975, durante etapa anterior de la demanda, pide cese del espionaje por el FBI contra el PST y otros.

LOU HOWORT/MILITANT

TONY SAVINO/MILITANT

En el transcurso de la lucha, miles de sindicalistas, estudiantes, artistas, defensores de las libertades civiles y otras personas apoyaron el Fondo para la Defensa de los Derechos Políticos (PRDF), que movilizó apoyo a favor de la demanda del PST.

ARRIBA: Morton Sobell (centro), víctima de cacería de brujas y condenado junto con los Rosenberg pero bajo cargos menores, habla en evento en Nueva York en apoyo a la demanda, junio de 1981. Al lado suyo están la abogada del PST Margaret Winter (izq.) y la crítica literaria Annette Rubinstein. También hablaron el comediante y luchador por los derechos civiles Dick Gregory y Ernesto Joffre, presidente del Local 169 del sindicato de los costura ACTWU.

ABAJO: Rueda de prensa en Nueva York, marzo de 1988, marca victoria contra el gobierno federal, que había anunciado que no apelaría dictamen de la corte de prohibir el espionaje del FBI contra el PST. Desde la izquierda: secretario nacional del PST Jack Barnes; Leonard Boudin, abogado del PST; y John Studer, director del PRDF.

"Los gobernantes capitalistas no impedirán que Mark Curtis siga siendo la misma persona que es hoy, luchando por las mismas cosas, abrigando las mismas convicciones, diciéndolas abiertamente al mundo". —*Jack Barnes, sept. de 1988*

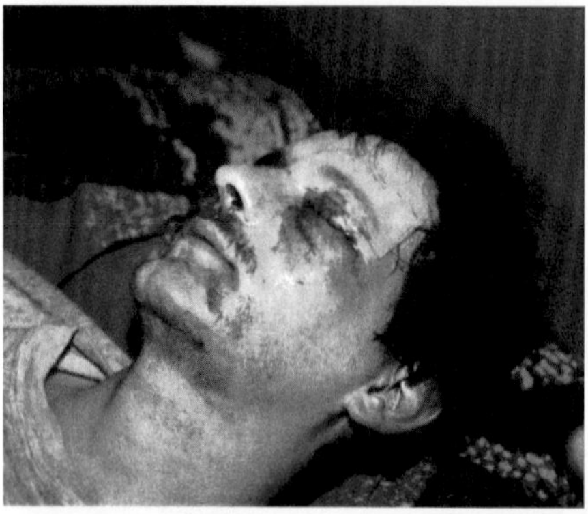

STU SINGER/MILITANT

PHIL NORRIS/MILITANT

STU SINGER/MILITANT

Mark Curtis, obrero de la carne, militante sindical y miembro del PST, fue arrestado y golpeado por la policía en Des Moines, Iowa, en marzo de 1988. Fue sentenciado a 25 años bajo cargos falsos de intento de violación y allanamiento de morada. En una batalla de ocho años, se ganó su libertad condicional. El arresto de Curtis ocurrió solo días después de que el PST ganara la etapa final de su demanda contra el FBI.

ARRIBA IZQUIERDA: Mark Curtis después de golpiza por la policía. **ARRIBA DERECHA:** Antes del caso fabricado, en acto de apoyo a obreros de la carne en huelga, mayo de 1987, Sioux Falls, Dakota del Sur. **ABAJO:** Mostrando archivos de soplones del FBI sobre sus actividades contra intervención de Washington en Centroamérica.

ERIC SIMPSON/MILITANT

CARLA RIEHLE/MILITANT

ARRIBA: Oradores en mitin en defensa de Curtis en Des Moines, septiembre de 1988, en víspera del juicio. Al podio está Jack Barnes, secretario nacional del PST. De la izq.: Mark Curtis; organizadoras del comité de defensa Ellen Whitt y Nan Bailey; Hazel Zimmerman, tesorera del comité.

En agosto de 1988 se ganó una victoria en otra campaña de defensa. El gobierno norteamericano, después de tratar por una década de deportar a Héctor Marroquín, miembro del PST nacido en México, desistió y le otorgó la residencia permanente.

ABAJO: Marroquín habla en congreso de julio de 1983 de la Asociación Nacional de Educación (NEA). La NEA, el sindicato de maestros más grande del país, reafirmó su apoyo a la lucha de Marroquín contra la deportación.

"Los Cinco Cubanos —revolucionarios arrestados por el FBI en 1998— se han comportado con orgullo y dignidad al defender sus principios revolucionarios y rebatir cargos fabricados por las autoridades norteamericanas".

—De la introducción

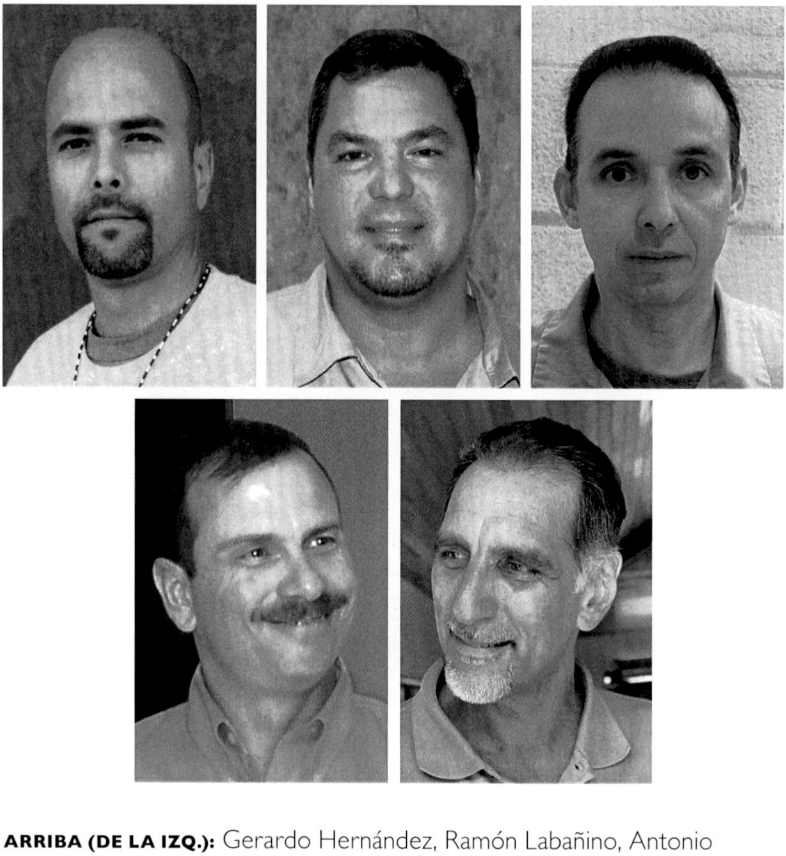

ARRIBA (DE LA IZQ.): Gerardo Hernández, Ramón Labañino, Antonio Guerrero. **ABAJO:** Fernando González (izq.) y René González.

Los Cinco Cubanos, según los conocen millones de personas en el mundo, fueron arrestados por Washington bajo cargos fabricados de espionaje y otros cargos de "conspiración". Estaban obteniendo información sobre planes mortíferos de grupos paramilitares cubano-americanos, a fin de prevenir más ataques a Cuba y a partidarios de la revolución. Afirman con orgullo que lo harían de nuevo.

Gerardo, Ramón y Antonio permanecen entre rejas.

ron que no tenían adónde recurrir para contrarrestar esta nueva ofensiva anticomunista de la clase dominante. Durante demasiado tiempo, no habían tenido la vista puesta en las filas del movimiento obrero y de sus aliados, sino en las fuerzas que ahora estaban encabezando el ataque a los derechos democráticos.

En 1948, 12 miembros del Comité Central del Partido Comunista fueron encausados bajo la Ley Smith. Fueron acusados de conspirar para "enseñar y abogar por el derrocamiento y la destrucción del gobierno de Estados Unidos por la fuerza y la violencia": exactamente los mismos cargos presentados contra los acusados de Minneapolis siete años antes. La acusación afirmaba que esta supuesta conspiración se había hecho de tres formas: (1) organizando el Partido Comunista; (2) trabajando para "publicar y difundir, y hacer difundir, libros, artículos, revistas y periódicos que abogan por los principios del marxismo-leninismo"; y (3) organizando "escuelas y clases para el estudio de los principios del marxismo-leninismo".

El juicio se desenvolvió durante nueve meses en el tribunal federal en la plaza Foley de Nueva York. Terminó con un veredicto de culpabilidad contra 11 dirigentes del PC. El caso contra el duodécimo acusado, William Z. Foster, había sido suspendido por su mal estado de salud. Diez de los acusados recibieron la sentencia máxima de cinco años; uno fue condenado a tres años. Además, todos los abogados defensores fueron condenados a penas de cárcel por "desacato a la corte" durante el juicio.

Mientras las condenas bajo la Ley Smith estaban siendo apeladas, la situación legal y política iba empeorando. En 1950 el Congreso adoptó la Ley McCarran, que obligaba al PC y a sus miembros a registrarse ante el gobierno. La nueva ley, promulgada con apoyo bipartidista, también permitía la creación de campos de concentración donde se podría encarcelar sin juicio a los opositores de la política del gobierno en caso de una "emergencia nacional".

En marzo de 1951, Ethel y Julius Rosenberg y Morton Sobell fueron enjuiciados y declarados culpables —bajo cargos amañados y pruebas fabricadas— de robar el "secreto" de la bomba atómica y de entregárselo a la Unión Soviética. El 5 de abril los Rosenberg fueron condenados a muerte en la silla eléctrica; Sobell fue sentenciado a 30 años de prisión. Unos meses más tarde, la Corte Suprema ratificó la constitucionalidad de la Ley Smith, rechazando las apelaciones de los 11 acusados del PC.

La intensificación de la cacería de brujas desde fines de los años 40 había provocado un debate en la dirección del Partido Comunista sobre el próximo paso a tomar. Surgió una fuerte disputa en el liderazgo: los acusados bajo la Ley Smith, que habían estado libres bajo fianza mientras se apelaba su caso, ¿debían entregarse o debían irse a la clandestinidad o al exilio si la Corte Suprema fallaba en su contra? Los que apoyaban la última posición argumentaban que el fascismo se estaba propagando por el país y que la proscripción del PC era inevitable.

Al final la dirección no logró tomar una decisión a favor de una u otra posición. El resultado fue que los acusados que estaban a favor de irse a la clandestinidad o al exilio lo hicieron; los demás se entregaron. Para los que no estuvieron involucrados, no fue evidente si esta decisión representó un acuerdo conciliatorio, o si se debió a que no pudieron resolver el conflicto. En todo caso, cuando llegó la hora de entregarse a los alguaciles federales, 4 de los 11 acusados no se presentaron. El quinto, Eugene Dennis, secretario general del partido, había planeado irse a la clandestinidad, pero terminó entregándose cuando se embarraron los preparativos. De los cuatro que no se presentaron, Gus Hall fue arrestado en México unas semanas después. Robert Thompson fue detenido un año después en una cabaña en la Sierra Nevada de California. Los otros dos, Gil Green y Henry Winston, estuvieron escondidos cinco años y finalmente se entregaron voluntariamente para cumplir sus condenas.

El curso que siguió la dirección del PC fue costoso. Desde un punto de vista político no tenía sentido seguir esa política dividida. Muchos miembros llegaron a la conclusión de que el resultado reflejaba parálisis, o hasta pánico, en la dirección del partido. Muchos activistas del PC interpretaron la decisión como señal de que era necesario replegarse de la actividad política pública. Un buen número de dirigentes secundarios del partido se retiraron de actividades públicas, aunque no enfrentaban cargos. Muchos cuadros del partido cortaron sus lazos con la organización. Algunos que aún se consideraban comunistas fueron hasta el extremo de quemar sus libros marxistas o de sellarlos en cajas y enterrarlos en su patio o esconderlo en el sótano.

Una indicación de cómo la dirección del PC huyó en desbandada fue su reacción ante el arresto y el juicio de los Rosenberg y de Sobell, quienes fueron acusados de haber sido miembros del Partido Comunista que habían espiado para la Unión Soviética. El caso contra ellos fue fabricado por el FBI y el Departamento de Justicia. En el proceso judicial hubo colaboración secreta —e ilegal— entre el juez y los abogados del gobierno. Los falsificadores del Departamento de Justicia recurrieron a profundos prejuicios, incluyendo el antisemitismo, para que prevalecieran sus calumnias.[10]

Aunque muchos de sus camaradas sabían que los Rosenberg habían sido miembros del PC, la dirección del partido decidió no reconocer el hecho públicamente. No fue hasta mediados de los años 70 —cuando los dos hijos de los Rosenberg publicaron un libro que defendía orgullosamente la afiliación de sus padres al Partido Comunista[11]—

que muchos miembros del PC reconocieron en público el hecho de que las dos víctimas de la reacción macartista habían sido miembros del partido.

Julius y Ethel Rosenberg fueron arrestados en el verano de 1950 y fueron enjuiciados y declarados culpables en marzo de 1951. Durante todo este tiempo, no se organizó un comité de defensa para exponer el caso amañado y movilizar la oposición a las acusaciones. Ni el Partido Comunista ni los acusados tomaron iniciativas en este sentido. La dirección del PC al parecer esperaba proteger así al partido de las acusaciones del gobierno de que algunos de sus miembros habían participado en espionaje para la Unión Soviética. Este intento de disociarse de los acusados llegó hasta tal punto que el *Daily Worker* ni siquiera publicó noticias sobre el juicio; apenas publicó un pequeño artículo de tres oraciones en una de las últimas páginas cuando los Rosenberg fueron declarados culpables.

Fue solo cuando fue declarada la sentencia de muerte el 5 de abril de 1951 que el *Daily Worker* denunció el caso amañado y la salvaje sanción. Pero aun en ese momento no se organizó un comité de defensa. Finalmente, meses después, el *National Guardian* (actualmente el *Guardian*), un semanario radical publicado en Nueva York, lanzó una campaña para exponer el caso amañado y tratar de prevenir las ejecuciones. Esto llevó a la formación del Comité Nacional para Obtener Justicia en el Caso Rosenberg en noviembre de 1951. Muchos miembros del PC participaron en actividades organizadas por el comité, al igual que muchos otros individuos y algunas organizaciones, incluyendo el Partido Socialista de los Trabajadores.

La época macartista a veces se describe como un período en que el PC actuó parcialmente de manera clandestina. Pero no es cierto en ningún sentido real. El PC no tenía una prensa partidista clandestina, y no realizaba ningún tipo de actividades políticas clandestinas. Cuando los dirigentes del PC se fueron "a la clandestinidad", se alejaron de las actividades políticas públicas, aunque no del espionaje del FBI. Los organizadores "clandestinos" se mantuvieron en contacto con las estructuras del partido, en la medida que existían; participaron en discusiones de la dirección por medio de artículos en los boletines de discusión del partido y asistiendo a reuniones de comités, y esperaron que cambiara la situación política.

De hecho, habría sido absurdo que el PC funcionara realmente de manera clandestina, ya que el partido nunca fue proscrito legalmente durante toda esta época, pese a los intentos del gobierno en ese sentido. La represión golpeó duramente a los miembros y ex miembros del PC. Un total de 160 personas fueron arrestadas en Estados Unidos y Puerto Rico bajo acusaciones de violar la Ley Smith; de ellas, 41 finalmente cumplieron penas de cárcel. Muchos individuos, tanto miembros del PC como otros, fueron colocados en listas negras, acosados por el FBI, chantajeados, deportados o amenazados con ser deportarlos. Otros fueron encarcelados por negarse a delatar a sus compañeros cuando fueron citados a comparecer ante organismos que formaban parte de la cacería de brujas, tal como el Comité de Actividades Anti-Americanas de la Cámara de Representantes (HUAC).

Sin embargo, los intentos del gobierno de proscribir al PC fracasaron. Sus repetidos intentos de obligar al partido a registrar los nombres de sus miembros ante el Departamento de Justicia se vieron frustrados y finalmente derrotados. Las publicaciones del partido, incluyendo el *Daily Worker,* fueron impresas legalmente y enviadas por correo sin restricciones.

La mayoría de los miembros del Partido Comunista no se identificaban como comunistas, ni siquiera con sus compañeros de trabajo ni con otros con quienes colaboraban políticamente. Pero esa política no comenzó con la cacería de brujas; comenzó y se generalizó durante el período del Frente Popular. Esta política no solo no ayudó al Partido Comunista a combatir los ataques contra los derechos democráticos de sus miembros y partidarios, sino que dejó a los miembros del PC especialmente vulnerables ante los inquisidores anticomunistas. Comités congresionales y derechistas se especializaron en "nombrar nombres" de miembros del Partido Comunista y de personas acusadas de ser miembros. Los militantes del PC que habían ocultado su afiliación de sus compañeros de trabajo y de sus colaboradores políticos enfrentaron obstáculos —que ellos mismos se habían impuesto— al tratar de conseguir apoyo para sus derechos democráticos como miembros del PC. Los que eran más conocidos como miembros del PC resultaron menos vulnerables a la persecución a manos de los "investigadores" macartistas.

Una buena parte del terreno para realizar actividades públicas que el PC perdió no fue cedido —pulgada por pulgada— en una batalla tenaz por defender los derechos democráticos. Más bien fue terreno que el partido renunció a consecuencia de su crisis política. En el movimiento obrero, muchos trabajadores estaban dispuestos a solidarizarse generosamente con toda víctima de la reacción derechista y la represión por el gobierno. Otros, especialmente en la comunidad negra, reconocían la necesidad de tomar acción unitaria para defender el derecho a expresar puntos de vista minoritarios y los derechos democráticos en general. No obstante, los dirigentes estalinistas, al exagerar el peligro fascista, dieron la espalda a las filas del movimiento obrero y sus aliados. Su trayectoria multiplicó el daño que la cacería de brujas le causó al Partido Comunista y al movimiento obrero en general.

Operaciones encubiertas del FBI

Con el fin de la guerra de Corea en 1953 y el repudio al senador Joseph McCarthy por los sectores predominantes de la clase gobernante al año siguiente, la cacería de brujas anticomunista empezó a menguar. La situación política en el país cambió. En 1954, la lucha pro derechos civiles encabezada por el pueblo negro, que había continuado sin interrupción desde la Segunda Guerra Mundial, logró una victoria histórica cuando la Corte Suprema de Estados Unidos dictaminó que la segregación racial del sistema escolar violaba la Constitución. Esto a su vez inspiró más luchas contra el sistema *Jim Crow* de segregación. También creció la oposición pública a los juicios bajo la Ley Smith. Los que lucharon contra violaciones constitucionales —animados por grupos tales como el recién formado Comité de Emergencia por las Libertades Civiles (ECLC)— pudieron anotar victorias, incluyendo algunas decisiones favorables en las cortes federales.

En 1956 el Consejo de Seguridad Nacional (NSC) convocó a una reunión especial en la Casa Blanca para oír un informe y considerar propuestas del director del FBI Hoover sobre cómo contrarrestar la creciente resistencia popular a los ataques del gobierno contra la Carta de Derechos. Los hechos de esta reunión fueron revelados por primera vez en 1981 durante el juicio sobre la demanda del PST, cuando funcionarios del Departamento de Justicia presentaron como evidencia un informe sobre la reunión que antes había sido clasificado como estrictamente confidencial. El documento fue presentado ante la corte en un intento —que al final fracasó— de demostrar que el "Programa de Contra-Inteligencia" (Cointelpro), un operativo secreto del FBI, era legal porque había sido puesto en marcha en esta reunión del Consejo de Seguridad Nacional, donde recibió la aprobación del presidente.

Para explicar el significado del documento, los abogados del gobierno llamaron al estrado a Herbert Brownell, quien había sido fiscal general de Estados Unidos en el gabinete del presidente Dwight Eisenhower. Brownell dijo que entre los presentes en la reunión de 1956 del Consejo de Seguridad Nacional se encontraron Eisenhower, el vicepresidente Richard Nixon, el jefe de la CIA Allen Dulles, el director del FBI Hoover y otros funcionarios. En la reunión, Hoover resumió la situación. Dijo que los intentos del gobierno de desbaratar las actividades del Partido Comunista, del Partido Socialista de los Trabajadores y otros grupos se estaban topando con una creciente oposición pública. Esto se veía reflejado en el hecho de que los jueces federales ahora se veían más renuentes a respaldar casos judiciales basados en la Ley Smith, a ratificar la denegación de pasaportes a "subversivos", y a aprobar otras medidas de cacería de brujas tales como la expulsión de comunistas de la marina mercante revocando sus documentos de marinero.

"Para dar un ejemplo", dijo Hoover al Consejo de Seguridad Nacional, "42 personajes destacados, incluidos la señora de Franklin D. Roosevelt, Norman Thomas, Henry Steele Commager y muchos otros que deberían tener mejor juicio, recientemente firmaron una petición pidiendo una amnistía para personas que actualmente cumplen condenas de cárcel por violar la Ley Smith, así como el cese de futuros enjuiciamientos". Hoover se quejó amargamente de decisiones judiciales "tales como la decisión del 22 de noviembre de 1953 del juez Youngdahl en el caso del pasaporte de Leonard Boudin, y las acciones de la Corte Federal de Apelaciones por el Noveno Circuito en San Francisco, California, que el 26 de octubre de 1955 prohibió el programa de investigación [para la marina mercante] de la Guardia Costera…".

Afortunadamente, enfatizó Hoover, la autoridad del poder ejecutivo del gobierno para tomar acciones, no estaba limitada a lo que el pueblo de este país apoyaría ni a lo que aceptarían las cortes federales. Lo que no se podía lograr abiertamente se podía lograr secretamente. El FBI poseía el arma de la "contrainteligencia". Hoover declaró orgullosamente, "Hemos procurado infiltrar, penetrar, desorganizar y desbaratar al Partido [Comunista]… Los informantes han sido la clave para la penetración del partido… Actualmente tenemos 921 informantes en la esfera de la seguridad, brindando inteligencia a cada hora sobre la política y los planes más internos del Partido Comunista".

En el banquillo de los testigos en 1981, Brownell destacó que el informe de Hoover no solo cubría el Partido Comunista, sino "quienes lo ayudaban de diversas formas. Por ejemplo, había algunos grupos escindidos que enviaban representantes a encuentros comunistas internacionales, reuniones secretas y cosas de esa índole. Fueron incluidos entre lo que denominamos grupos subversivos que operaban secretamente conjuntamente con potencias extranjeras". Entre estos estaba el Partido Socialista de los Trabajadores, agregó el fiscal general.

Se le pidió a Brownell que identificara "la fuente de la autoridad para que el FBI pudiera realizar las contramedidas descritas en esta página contra el Partido Comunista y otros grupos subversivos". "Decretos presidenciales", replicó Brownell. "Creo que la situación legal era que el presidente no ponía restricciones a los métodos que se usarían para lograr los objetivos que él perseguía". El Consejo de Seguridad Nacional aprobó, entre otras cosas, operativos de desbaratamiento con el uso de soplones, allanamientos, escuchas telefónicas y micrófonos instalados sin orden judicial, así como programas para abrir el correo y revisar la basura de "subversivos". Seis meses más tarde, el FBI estrenó oficialmente su programa de Cointelpro, primero contra el PC y después contra el PST, las organizaciones negras que luchaban por los derechos civiles y otros grupos.

El Consejo de Seguridad Nacional había decidido que, si ya no era posible movilizar a la mayoría del pueblo norteamericano a favor de la meta proclamada abiertamente de desbaratar a los grupos comunistas con juicios y listas negras, entonces el FBI realizaría un operativo secreto contra los "subversivos".

La expansión de las operaciones encubiertas del FBI contra los críticos de la política del gobierno ocurrió en momentos en que se iba fortaleciendo el derecho a organizar actividades políticas. Este avance fue producto de la renovada acción política obrera representada por el crecimiento de la lucha por los derechos civiles, especialmente en el Sur segregado. A pesar de que continuaba el reflujo político del movimiento sindical, el nuevo ascenso de las luchas del pueblo negro estaba logrando importantes conquistas. En el transcurso de la batalla para derrocar las estructuras del sistema *Jim Crow*, el movimiento por los derechos civiles estaba expandiendo el espacio político para que grupos e individuos pudieran organizarse y luchar por sus intereses sin la interferencia del gobierno.

La conquista de mayor envergadura en esta esfera fue la ampliación de la libertad de asociación garantizada por la Primera Enmienda a la Constitución, abarcando ahora el derecho de las organizaciones a la privacidad, sin intromisión de la policía y de las agencias del gobierno. Esta victoria se codificó en una serie de casos judiciales de derechos civiles. Uno de los primeros y más importantes de estos casos fue una victoria de la NAACP contra el gobierno estatal de Alabama. Esta batalla surgió a raíz del apoyo que la NAACP le brindó al boicot de autobuses en Montgomery, Alabama, que comenzó en diciembre de 1955 y que culminó con la desegregación del sistema de transporte en autobús de esa ciudad. Como represalia por estas actividades, los funcionarios estatales de Alabama trataron de forzar a la NAACP a registrar ante el estado los nombres y las direcciones de sus miembros y contribuidores. La NAACP se negó, argumentando que sus listas de miembros y simpatizantes no eran asunto del gobierno y que, de entregarse los nombres, algunas personas serían objeto de persecución.

En 1958 la Corte Suprema de Estados Unidos falló a favor de la NAACP, afirmando que existe una "relación vital entre la libertad de asociación y la privacidad de las asociaciones de una persona". El tribunal reafirmó que "la inviolabilidad de la privacidad de la asociación en grupo puede ser indispensable en muchas circunstancias para la preservación de la libertad de asociación, especialmente cuando un grupo propugna ideas disidentes". (Este derecho constitucional a la vida privada fue ampliado aún más en 1973, cuando la Corte Suprema dictaminó que el "derecho a la privacidad personal... sí existe según la Constitución" y que "es suficientemente amplio como para abarcar la decisión de la mujer de interrumpir o no su embarazo").

No obstante, desde el punto de vista del poder ejecutivo del gobierno, estas decisiones judiciales no afectaban las operaciones encubiertas del FBI en Estados Unidos. Estas operaciones, según argumentaba el Departamento de Justicia, estaban justificadas por los "poderes inherentes del presidente" y no podían ser afectadas por decisiones judiciales o por leyes aprobadas por el Congreso. Mientras estos operativos se mantuvieron ocultos, o parcialmente ocultos, del público, esta posición no fue puesta a prueba. Pero cuando los operativos empezaron a quedar expuestos a principios de los años 70, el tema fue puesto sobre el tapete. El resultado ha sido que se han planteado las cuestiones más fundamentales de los derechos constitucionales, muchas de las cuales han sido presentadas directamente gracias a la iniciativa judicial del PST contra el fiscal general y el FBI.

Quedan expuestas operaciones del gobierno

El PST entabló su demanda en julio de 1973, cuando estaba estallando el escándalo de Watergate. Watergate fue la primera crisis del gobierno que surgió de la creciente contradicción en la segunda mitad del siglo 20 entre lo que la clase gobernante norteamericana se ve obligada a hacer contra sus enemigos de clase en Estados Unidos y el mundo, y lo que puede proclamar abiertamente como sus metas y métodos.

En la Segunda Guerra Mundial, los gobernantes norteamericanos pudieron movilizar al país para apoyar sus objetivos bélicos. Los opositores a esta política eran una pequeña minoría; algunos fueron encarcelados por sus ideas minoritarias, sin grandes protestas en el país. Sin embargo, al llegar la guerra de Corea, hubo poco entusiasmo entre el pueblo trabajador para la guerra, y se expresó abiertamente bastante oposición. Una indicación de este cambio fue la decisión del gobierno de no pedirle al Congreso una declaración de guerra, según lo exige la Constitución. La guerra de Corea fue también la primera guerra que Estados Unidos no ganó.

Cuando el gobierno estadounidense incrementó su intervención en Vietnam a mediados de los años 60, existieron las condiciones —por primera vez en la historia del país— para que surgiera un movimiento antiguerra de masas en medio de una guerra abierta. El sentimiento antibélico se vio acompañado de crecientes sospechas y desconfianza popular sobre los secretos y las mentiras de Washington acerca de sus fines y métodos bélicos. Al igual que durante la guerra de Corea, no se solicitó al Congreso una declaración de guerra. El gobierno actuó siempre usando el "poder ejecutivo".

Cuando surgieron las revelaciones de Watergate, a un mayor número de personas le quedó evidente que las mentiras y las operaciones encubiertas que el gobierno usaba para lograr sus objetivos en Vietnam eran las mismas que usaba al interior de Estados Unidos. Los "poderes inherentes" que el presidente usaba para librar una guerra asesina contra los pueblos de Indochina, también se estaban usando contra los luchadores por los derechos de los negros, activistas puertorriqueños y mexicano-americanos, el movimiento por la emancipación de la mujer, las organizaciones antiguerra y contra los comunistas. A medida que salieron a luz más hechos sobre el Cointelpro y otras operaciones encubiertas del FBI, fue quedando más claro que estos métodos se habían usado *primero dentro de Estados Unidos*. Las guerras que Washington libra contra sus enemigos de clase en otros países son una extensión de la guerra que el gobierno capitalista libra contra sus enemigos de clase a nivel nacional.

Hoy día el gobierno norteamericano está en medio de una segunda crisis, precipitada por las revelaciones sobre el arreglo secreto para enviar armas de Irán y sobre el financiamiento secreto de los contrarrevolucionarios (los "contras") que pretenden derrocar al gobierno de Nicaragua. Al igual que Watergate, la actual crisis está arraigada en la incapacidad del imperialismo norteamericano de detener la marcha de la historia. Los gobernantes estadounidenses se ven obligados a recurrir más y más a operaciones encubiertas para llevar a cabo políticas y emplear métodos que no pueden proclamar o defender abiertamente, e inevitablemente algunos de estos operativos secretos salen a la luz pública.

La demanda judicial del PST contra el gobierno ha suscitado una renovada atención y apoyo más amplio a medida que se ha desarrollado la actual crisis gubernamental, ya que las cuestiones fundamentales del caso son las mismas planteadas por el escándalo "Contragate": ¿Puede suspenderse el estado de derecho en nombre de la "seguridad nacional"? ¿Acaso el presidente, el fiscal general, la CIA, el FBI y el Consejo de Seguridad Nacional están por encima de la ley?

La envergadura de los intereses en juego quedó al descubierto en un dramático enfrentamiento que ocurrió durante las batallas previas al juicio en el caso del PST. Desde el principio, la cuestión más importante en el caso era si el FBI tiene o no el derecho legal a usar soplones encubiertos para espiar y desbaratar al PST y a la AJS. Para tratar de demostrar que este método del gobierno violaba los derechos constitucionales, los abogados del PST pidieron que el juez Griesa le ordenara al FBI entregar los archivos sobre sus soplones. El juez ordenó que presentara una muestra con archivos sobre 18 soplones. El Departamento de Justicia inmediatamente apeló esta orden, primero ante la corte de apelaciones y después ante la Corte Suprema de Estados Unidos. Los abogados del gobierno argumentaron que la entrega de *cualquier* archivo sobre sus soplones violaría la regla absoluta de que nunca se puede revelar la identidad de los soplones encubiertos sin su aprobación. Permitir la violación de este principio tendría "un impacto devastador en la efectividad investigativa general del FBI", sostuvieron los abogados del Departamento de Justicia. No obstante, las cortes superiores decidieron no revocar la orden del juez Griesa.

El gobierno entonces dio un paso sin precedentes: el fiscal general Griffin Bell (miembro del gabinete del presidente James Carter) le informó al juez Griesa que él rehusaba acatar la orden. Fue uno de los momentos en el caso cuando se suspendió el proceso rutinario de maniobras jurídicas entre abogados. El fiscal general estaba actuando, no como funcionario político nombrado al puesto sino como vocero directo del poder policiaco del gobierno, del mismo poder estatal. El 30 de junio de 1978 Griesa respondió, declarando al fiscal general culpable de desacato a la corte, la primera decisión de este tipo en la historia de Estados Unidos. "El fiscal general no tiene 'derecho' a desafiar una orden judicial", afirmó Griesa. "La corte dispone —y debe disponer en nuestro sistema de leyes— de autoridad para hacer valer una orden de entregar evidencia…".

El Departamento de Justicia inmediatamente apeló la declaración de desacato. La corte de apelaciones, que antes había rehusado revocar la orden de Griesa, ahora dictaminó que la declaración de desacato era una sanción demasiado severa para el desafío de Bell a la orden judicial, y revocó el fallo. Al final, la corte nombró a un funcionario especial para resumir el contenido de los archivos, y este resumen se incorporó a las actas oficiales del juicio.

En una entrevista por televisión en 1977, al ex presidente Richard Nixon le preguntaron si creía que un presidente podía autorizar actos ilegales tales como allanamientos contra opositores de la guerra de Vietnam. Él contestó:

Cuando lo hace el presidente, significa que no es ilegal.

PREGUNTA: ¿Por definición?

RESPUESTA: Sí, precisamente. Precisamente. Por ejemplo, si el presidente aprueba algo por razones de seguridad nacional... entonces la decisión del presidente en este caso permite que se lleve a cabo sin que se viole ninguna ley.

Los funcionarios del Departamento de Justicia argumentaron extensamente la misma posición durante el juicio sobre el caso del PST. El ex fiscal general Herbert Brownell dio testimonio sobre un documento que él había escrito en 1954 en respuesta a una decisión de la Corte Suprema que dictaminaba que la policía había violado la Cuarta Enmienda de la Constitución al allanar un hogar privado y plantar un micrófono en el dormitorio de un hombre acusado de violar leyes sobre juegos de azar. Brownell dio la orden de que el FBI hiciera caso omiso de la decisión judicial cuando persiguiera a "subversivos". Brownell escribió:

> Obviamente, hay que evitar la instalación de micrófonos en dormitorios u otros sitios comparablemente íntimos cuando sea posible. Sin embargo, a veces parecerá que solo se puede obtener inteligencia importante o evidencia relacionada a asuntos de seguridad nacional si se instala un micrófono en dicho sitio. A mi criterio, en estas circunstancias la instalación es apropiada y no está prohibida por la decisión de la Corte Suprema...

En el banquillo de los testigos, Brownell aseveró que cuando se trataba de investigaciones sobre "inteligencia" o "seguridad nacional" —o sea, cuando se trata de la actividad política en vez de la actividad criminal— el poder ejecutivo del gobierno tiene la autoridad para hacer caso omiso de la Carta de Derechos. Durante el contrainterrogatorio, el ex fiscal general se mostró irritado ante la idea de que alguien cuestionara esta doctrina. Cuando el propio juez hizo preguntas directas, a Brownell se le endureció la voz. Al final Griesa le preguntó si "como fiscal general, ¿usted opina que la Cuarta Enmienda se podía aplicar a las investigaciones de inteligencia?" Brownell contestó:

> No tuvimos orientaciones de la Corte Suprema al respecto. Pienso que desde el punto de vista de la Corte Suprema, el tema se mantiene pendiente. Por un lado, están los poderes explícitos del presidente para dirigir los asuntos exteriores y ser comandante en jefe. Por otro lado, está la Cuarta Enmienda.

Brownell hizo una pausa, le echó una mirada fulminante al juez y dijo: "Hasta el momento, no se ha emitido ninguna decisión judicial que prohíba dichas actividades en el campo de la inteligencia".

El mensaje era inequívoco: esto ha estado ocurriendo durante mucho tiempo y ningún juez ha intentado frenarnos jamás, así que usted no se cree problemas ahora. Griesa pospuso su respuesta hasta que emitió su fallo, en el cual rechazó explícitamente el argumento de Brownell y del Departamento de Justicia de que el poder ejecutivo tiene autoridad para pisotear la Carta de Derechos.

¿Por qué el Partido Socialista de los Trabajadores?

¿Por qué fue el PST el que pudo tomar la iniciativa en esta lucha por los derechos democráticos? ¿Por qué el Partido Comunista —golpeado más severamente por el acoso, el espionaje y el desbaratamiento por el gobierno— no dio este paso cuando se presentó la oportunidad? ¿Por qué no lo hizo una organización socialdemócrata como los Socialistas Democráticos de América (DSA), que podría movilizar recursos legales y económicos mucho mayores que los que estaban disponibles para la demanda judicial del PST?

Las respuestas a estas interrogantes arrojan mucha luz sobre las consecuencias de las distintas perspectivas de las principales tendencias políticas en el movimiento obrero hoy día. Si examinamos algunas de las formas en que el Departamento de Justicia intentó frustrar y derrotar el caso del PST, podemos aclarar las cuestiones de fondo.

Una de las tácticas del gobierno fue hacer repetidos intentos, entre 1976 y 1980, de persuadir al PST de resolver el caso fuera de las cortes. Los elementos del acuerdo propuesto eran los siguientes: el FBI prometería obedecer la ley, pero sin mencionar específicamente que prohibiría métodos tales como el uso de soplones, allanamientos y operaciones de desbaratamiento. A cambio de que el PST aceptara esta promesa y suspendiera su demanda judicial, el Departamento de Justicia acordaría pagarle una suma considerable al partido.

El gobierno llegó a semejantes acuerdos en varias otras demandas contra el FBI. Muchos de estos casos se habían inspirado en los primeros logros de la demanda del PST, en los cuales se había sacado a la luz algunas de las operaciones secretas del FBI. Algunos de estos casos fueron resueltos cuando los individuos o los grupos que los entablaron no pudieron asumir una costosa y prolongada batalla judicial frente a los inmensos recursos del gobierno federal. Otros casos se resolvieron porque los demandantes se dejaron persuadir políticamente de que las "pautas" del FBI, proclamadas por el Departamento de Justicia en 1976, eran esencialmente lo que ellos habían tratado de conseguir y que ya no existían motivos para continuar su caso.[12] Los que aceptaron estos acuerdos rehusaron cuestionar las afirmaciones del gobierno norteamericano de que necesita una policía política para "defendernos" de "ellos", ya sean subversivos, terroristas o el movimiento comunista mundial. Los que tenían como objetivo que el FBI y otras agencias policiacas federales actuaran de una manera más razonable y democrática quedaron paralizados cuando llegó el momento de poner en primer plano las verdaderas cuestiones de las libertades democráticas.

El PST siguió un curso diferente. A medida que el caso del PST se dirigía hacia un juicio, el Departamento de Justicia aceleró sus intentos de llegar a un acuerdo fuera de la corte. Durante varios años los abogados del gobierno habían hecho tentativas esporádicas, a medida que iban resolviendo otros casos. Boudin y el PST no excluyeron un posible acuerdo y exploraron cada propuesta. Pero ninguna de ellas ofrecía conquistas concretas para los derechos democráticos. A mediados de 1980, los abogados del Departamento de Justicia reanudaron sus esfuerzos, aumentando considerablemente su oferta monetaria. (Se calculó que el pago final podría ascender a un millón de dólares, incluso para pagar los honorarios de los abogados.) Pero no cambió sustancialmente el contenido del acuerdo propuesto por Washington.

En septiembre de 1980, la fiscalía general presentó una oferta "final" para un acuerdo. Seguía la misma pauta básica de los demás acuerdos con los que se habían resuelto las demandas judiciales de víctimas de los operativos del FBI. En respuesta, Leonard Boudin escribió una carta al Departamento de Justicia, donde detalló las razones para rechazar la propuesta:

> Me resulta inconcebible que el caso *SWP v. Attorney General* [El PST contra el Fiscal General] pueda o deba resolverse sin abordar las violaciones a la Carta de Derechos por parte de los acusados, y sin afirmar el derecho de los demandantes de estar libres del acoso, la persecución, las listas negras y las "investigaciones" por parte del gobierno, ya sea al estilo Cointelpro o de las formas más habituales. En mi opinión, el juez Griesa, que ha dedicado siete años a supervisar el proceso de obtención de pruebas antes del juicio [*discovery*] en este caso, no aprobará ningún acuerdo que no encare directamente estas cuestiones.
>
> La fiscalía general ha estado evadiendo las cuestiones constitucionales planteadas por las violaciones cometidas por el FBI, la CIA y otras agencias acusadas, desde que las grandes revelaciones públicas a mediados de los años 70

> enfocaron la atención pública en estas agencias de "inteligencia". A pesar de las muchas audiencias y debates en torno a posibles estatutos para el FBI, el Congreso aún no ha afrontado estas cuestiones. Acuerdos como el que se pactó en el caso [Jane] *Fonda* [*contra el FBI*] y *Alianza para Poner Fin a la Represión contra Chicago,* también evitan las cuestiones que, desde el punto de vista de los derechos constitucionales, son fundamentales…
>
> El historial extraordinario que se ha desarrollado en este caso durante siete años demuestra que los demandantes únicamente han realizado actividades que están protegidas por la Primera Enmienda. Los demandantes tienen derecho a realizar estas actividades sin ser investigados, desbaratados y penalizados de ninguna forma por el gobierno. Este litigio va dirigido completamente a revindicar este derecho garantizado por la Primera Enmienda.

Boudin y el PST estaban especialmente perturbados por una de las disposiciones de la oferta "final" del Departamento de Justicia. La propuesta de acuerdo del gobierno afirmaba que las "actividades y la promoción de ideas [por parte del PST] demostradas en las actas del caso no constituyen bases suficientes para iniciar una investigación de seguridad nacional contra los demandantes bajo las actuales leyes y pautas…". Pero en otra parte del documento se afirmaba que las actas del juicio "no contienen toda la información que está a la disposición del FBI".

La maniobra era transparente. El gobierno quería poder continuar alegando que existían pruebas de delitos por parte del PST que no habían sido presentadas a la corte a fin de proteger sus fuentes y métodos ultrasecretos de obtener información. "Si existe dicha evidencia" —contestó Boudin— "debe presentarse. Si no existe, debe afirmarse que no existe".

Esto se convirtió en una cuestión fundamental del juicio, que comenzó en abril de 1981. Al principio del proceso, los abogados del gobierno anunciaron que el FBI había acumulado pruebas de actividades ilegales por parte del PST. Esta evidencia, dijeron, ofrecía una justificación legal para todas las acciones del FBI contra el PST. Sin embargo, las fuentes y los métodos empleados para conseguir esta información eran tan delicados que el revelar las pruebas al PST significaría graves consecuencias para la "seguridad nacional".

La estrategia del gobierno era más peligrosa de lo que parecería a primera vista. Según las normas de evidencia del tribunal, los materiales que no han sido mostrados a la otra parte no pueden considerarse como prueba porque no habría oportunidad para rebatir la evidencia o interrogar a testigos al respecto. Normalmente los jueces rehúsan considerar este tipo de "pruebas secretas". Y ese fue el fallo inicial de Griesa: si el Departamento de Justicia no quería revelar el contenido de los materiales secretos, entonces él no los consideraría al decidir el caso.

Pero ese enfoque conllevaba riesgos. Aun si Griesa rehusaba considerar los materiales secretos como evidencia, podrían llegar a ser parte del expediente en una apelación ante un tribunal superior. De esta manera, un tribunal de apelaciones no solo podría leer los materiales secretos, sino hasta basar su decisión en ellos. Aunque muy raras veces sucedía, no era inaudito que los tribunales consideraran materiales secretos de este tipo.

Por esta razón, el PST hizo algo inusual e inclusive sin precedentes. Le pidió a Griesa que considerara y evaluara los materiales secretos. Aunque los abogados del partido no podrían rebatir los documentos directamente, ya que no sabrían qué alegaciones contenían, el juez podría evaluar las acusaciones a la luz del conjunto total de los hechos presentados en el juicio. Sobre esta base, el juez podría decidir por sí mismo si eran creíbles las acusaciones contenidas en los documentos secretos.

Esta iniciativa sorprendió al juez y tomó desprevenidos a los abogados del gobierno. Griesa escuchó atentamente cuando Margaret Winter, quien encabezó el equipo jurídico del PST durante el juicio, argumentó que únicamente si el juez examinaba los archivos secretos, el partido tendría la esperanza de eliminar lo que podría convertirse en un obstáculo grande y hasta fatal al tratar de obtener una decisión favorable para el PST en la corte de apelaciones o en la Corte Suprema. Griesa comprendió y coincidió con este razonamiento. Entonces se celebró una serie de reuniones privadas entre el juez y los abogados del gobierno, en las cuales Griesa evidentemente presionó bastante al Departamento de Justicia para que o bien retirara voluntariamente los materiales secretos o bien los revelara para que el PST los pudiera leer.

Al final Griesa anunció una decisión sobre esta cuestión que, según afirmó, representaba "en parte, un acuerdo por parte del gobierno". El juez "no considerará como evidencia" los materiales secretos y el Departamento de Justicia "ha acordado no usar estos materiales como evidencia en este tribunal o en cualquier tribunal de apelaciones". Los abogados del gobierno se habían visto forzados a aceptar que no se valdrían del archivo secreto en una apelación del caso.

Este episodio ilustró un hecho fundamental acerca del Partido Socialista de los Trabajadores. Hasta el día de hoy, uno solo puede imaginarse el contenido del archivo secreto. Sin embargo, el PST no titubeó al recomendar que el juez lo leyera y lo considerara. Algo parecido había surgido anteriormente durante el juicio cuando el Departamento de Justicia se oponía a entregar los archivos secretos de los chivatos del FBI. Leonard Boudin le recomendó entonces a la dirección del PST que permitiera que Griesa leyera los archivos, ya que Griesa aún no estaba dispuesto a rechazar las alegaciones del FBI de que existían "privilegios de informantes".

Más tarde, recordando esa decisión, Boudin la consideró un hito en el caso. "Nunca voy a olvidar cuando el juez Griesa entró a la corte después de haber revisado los informes de los soplones del FBI", dijo. "Por supuesto, le estaba prohibido revelar cualquier cosa sobre el contenido de los archivos. Pero se volvió hacia mí y me dijo: 'Sr. Boudin, usted no creería lo que hay en esos archivos'. Él estaba pasmado por el tipo de información que el FBI estaba recopilando sobre actividades políticas legales y sobre los detalles de vidas privadas".

Para el Partido Socialista de los Trabajadores no fue difícil aceptar que el juez leyera los archivos de los soplones y luego el archivo secreto, aun si al partido le negaban el derecho de ver los materiales. El PST estaba seguro de que ninguna información en los archivos secretos mostraría alguna política o acción del partido que contradijera lo que el PST decía en público. (Desde luego, nadie podía garantizar que el FBI no había fabricado evidencia de este tipo; al contrario, se suponía que sí lo había hecho. Pero cualquier material fabricado chocaría con la masiva documentación de hechos basada en décadas de actividades en el movimiento obrero). Esta confianza se basaba en un hecho político fundamental. El Partido Socialista de los Trabajadores, como todas las organizaciones verdaderamente comunistas, *no tiene objetivos especiales propios como partido.* El partido analiza la etapa de desarrollo en la lucha mundial de la clase trabajadora y sus aliados. Ofrece propuestas para avanzar por el camino, señalado en esa lucha, hacia la toma del poder por parte de los trabajadores y agricultores. Puesto que el PST no tiene metas propias, que sean distintas de la marcha histórica de la clase trabajadora, tampoco puede ocultarle a la clase obrera ningún programa o política. Es más, cualquier norma o estructura organizativa que no coincide con esto obstaculizaría la perspectiva política del partido.

Este principio se estableció al fundarse el movimiento comunista moderno hace 140 años. Marx y Engels lucharon en 1847 para liberar a la recién fundada Liga Comunista de las tradiciones y los métodos de organización conspirativos que hasta entonces habían predominado en los predecesores de la Liga y el movimiento obrero revolucionario en general. Estructuras secretas, programa secreto, hasta un lenguaje secreto: todo esto, insistían Marx y Engels, tenía que ser reemplazado por un movimiento que conscientemente rechazara las conspiraciones como método de funcionamiento.

Como se afirma al principio del *Manifiesto Comunista:* "Ya es hora de que los comunistas expongan a la faz del mundo entero sus conceptos, sus fines y sus tendencias, que opongan a la leyenda del fantasma del comunismo un manifiesto del propio partido".

Esta perspectiva se basaba en el rechazo de la idea de que un pequeño grupito, obrando en nombre de la clase trabajadora, puede llevar a cabo una auténtica revolución. "Una verdadera revolución es exactamente lo contrario de las ideas de un *mouchard* [soplón policiaco], que… ve en toda revolución la obra de una pequeña camarilla", explicó Marx.

Durante el juicio del PST, los *mouchards* se empeñaron en demostrar que el partido decía una cosa en público y otra cosa en sus reuniones privadas. Intentaron probar que el partido mantenía estructuras paralelas, una para fines públicos y otra estructura oculta. En todos los casos, los hechos mostraron lo contrario. Si bien un partido obrero tiene el derecho —y de hecho, la responsabilidad— de proteger la privacidad de sus miembros y partidarios contra la intromisión de los patrones y la policía, no tiene derecho a ocultar del pueblo trabajador sus ideas, métodos y conceptos organizativos. Si el PST, en cualquier momento de su historia, hubiera adoptado un camino diferente o hubiera participado en actividades concretas que contradijeran esta política, le habría sido imposible al PST entablar su demanda contra el FBI. El partido habría estado paralizado por la duda de que un juicio revelara una historia falsa.

Como lo demostró el juicio, las acusaciones del FBI sobre conspiraciones y metas ocultas eran *una simple proyección*. Resultaron ser la Casa Blanca y el FBI, no el PST, los que ocultan sus verdaderos objetivos y métodos. Resultaron ser la Casa Blanca y el FBI, no el PST, los que mantienen una estructura secreta para hacer lo que no pueden proclamar en público. Resultaron ser la Casa Blanca y el FBI, no el PST, los que usan métodos conspirativos para tratar de lograr sus objetivos a espaldas del pueblo de Estados Unidos.

Las fuerzas socialdemócratas en Estados Unidos se vieron incapaces de tomar una iniciativa como la del PST en defensa de los derechos democráticos, porque su punto de partida es convencer a los explotados de que comparten intereses comunes con los elementos "democráticos" de la clase gobernante norteamericana. Su estrategia es lograr que estas fuerzas más "ilustradas" lleguen a ocupar posiciones de poder y de la administración del estado capitalista, inclusive en su aparato policial. Estos socialistas no excluyen la posibilidad de que algún día ellos compartan responsabilidades administrativas en un gobierno capitalista, incluso administrando la policía, como lo han hecho sus homólogos en muchos países del mundo. En esa posición, serían leales defensores del estado burgués.

El Partido Comunista, por razones políticas de igual importancia, no pudo haber tomado una iniciativa como la que emprendió el PST. El PC hace mucho tiempo se había alejado del punto de partida comunista de promover la lucha de la clase obrera de Estados Unidos, como parte de la clase trabajadora mundial, siguiendo su histórica y necesaria línea de marcha. Esto lo había reemplazado con el punto de partida de los intereses diplomáticos del régimen soviético. Una vez que los estalinistas emprendieron ese camino, abandonaron el principio de decirle la verdad a la clase trabajadora sobre sus objetivos políticos y formas organizativas. Por consiguiente, estaban vulnerables a casos fabricados y a campañas difamatorias macartistas del gobierno, y se vieron obstaculizados al tratar de combatirlos.

Las consecuencias de esta trayectoria impidieron que el PC encabezara la lucha para exponer casos amañados capitalistas como el caso contra los Rosenberg. Impidieron que el PC lanzara una ofensiva política y judicial contra el FBI como la campaña iniciada por el PST, que ha tenido resultados muy positivos para los derechos democráticos del pueblo de Estados Unidos.

Ampliación de derechos políticos

El juez Griesa emitió su dictamen en el caso del PST en agosto de 1986. Este fallo es una victoria para los derechos políticos; codifica por primera vez en una decisión judicial muchos derechos y libertades por los cuales se ha luchado durante muchos años. Al afirmar estos derechos, la decisión los fortalece aún más, brindando un arma nueva e importante que otros pueden utilizar en futuras batallas judiciales contra el espionaje, el desbaratamiento y el acoso por parte de la policía secreta.

El fallo de Griesa de 210 páginas afirma las libertades constitucionales reivindicadas por el PST y la AJS. El tribunal dictaminó que el programa de desorganización del FBI, los allanamientos secretos de las oficinas del PST y la AJS y el uso de soplones representaban "violaciones de los derechos constitucionales del PST y carecían de autoridad legislativa o normativa".

Leonard Boudin comentó sobre las consecuencias de este dictamen: "El impacto de esta decisión va mucho más allá del Partido Socialista de los Trabajadores y de la Alianza de la Juventud Socialista. Es un aporte al derecho constitucional, otorgando protecciones nuevas e importantes para los derechos de todos los individuos y organizaciones que realizan actividades políticas". El fallo amplía el espacio para las actividades políticas y el derecho a la vida privada de toda persona en este país. Fortalece la protección constitucional contra la intromisión del gobierno en los asuntos privados de los individuos y en los asuntos de los grupos a los que pertenecen.

El fallo incluye los siguientes aspectos:

• El derecho constitucional a la privacidad incluye la protección contra el uso de soplones del gobierno para infiltrarse en organizaciones políticas. La decisión es inequívoca: "El uso de informantes por el FBI claramente constituía una invasión de la privacidad". El tribunal, que se basó en precedentes como la victoria de la NAACP contra el estado de Alabama, reafirmó que además de los derechos de los individuos, "una asociación tiene derecho a la privacidad" de acuerdo a la Constitución.

• Los allanamientos efectuados por el FBI en nombre de la "seguridad nacional" violaron los derechos del PST garantizados por la Cuarta Enmienda de la Constitución, la cual prohíbe registros arbitrarios por parte de agentes del gobierno. Estos allanamientos, escribió Griesa, "ultrajaron la privacidad de la forma más grosera. La propia terminología empleada por el FBI —*bag jobs* y *black bag jobs* [operativos de bolsa negra]— indican algo sobre el carácter de estas invasiones furtivas de propiedades privadas realizadas para obtener información privada".

• Las operaciones Cointelpro del FBI "eran claramente inconstitucionales y violaban los derechos del PST garantizados por la Primera Enmienda a la libertad de expresión y de asamblea. Es más, el FBI no tenía autoridad jurídica o normativa para desbaratar las actividades políticas lícitas del PST".

• Las víctimas de estas operaciones del FBI tienen derecho a recibir una indemnización monetaria del gobierno. Griesa les otorgó al PST y a la AJS 125 mil dólares por la invasión a la privacidad por parte de los soplones, 96 500 dólares por la invasión de la privacidad a raíz de los allanamientos que hizo el FBI, y 42 500 dólares por operativos específicos del Cointelpro.

Al llegar a estas conclusiones específicas, Griesa abordó cuestiones de aún mayor envergadura sobre derecho constitucional. Rechazó el argumento de que lo que los altos funcionarios de la Casa Blanca denominan "poderes inherentes" del presidente les permitía hacer caso omiso de los derechos constitucionales en nombre de la "seguridad nacional". El Departamento de Justicia había insistido en que el PST no podía pedir indemnización por las operaciones del FBI debido a una cláusula en las leyes federales que exime al gobierno de demandas judiciales por acciones que estén sujetas a la "discreción" del gobierno, aun si "se abusó de esta discreción". Pero el gobierno "no puede gozar de discreción para actuar de una manera anticonstitucional", dictaminó Griesa.

Estas conclusiones se vieron reforzadas aún más por la decisión del juez de que el PST tenía derecho a una orden judicial que prohibiría que el FBI o cualquier otra agencia del gobierno usara archivos con información obtenida por el FBI por medios ilegales. (Al escribirse este artículo, el juez aún no ha emitido una orden detallando este interdicto.)[13] Esta información obtenida por medios ilegales está siendo usada para acosar a personas que son o han sido miembros de la AJS o del PST, o que han expresado apoyo o interés en estas organizaciones. Los archivos se utilizan para discriminar contra no ciudadanos que solicitan la ciudadanía, la residencia permanente o visas para visitar Estados Unidos. Se utilizan para justificar la denegación de certificados de seguridad a obreros en fábricas que tienen contratos militares con el gobierno, permitiendo que las compañías los hostiguen, les nieguen promociones o hasta los despidan. Se utilizan para someter a empleados públicos a interrogatorios especiales o para negarles empleo a trabajadores en el servicio postal u otras agencias federales.

¿Cuántos archivos existen? El FBI, por sí solo, reconoce mantener *10 millones de páginas* sobre el PST y la AJS y sobre individuos asociados con estas organizaciones.

Una vez que el juez Griesa decida el alcance del interdicto sobre los archivos, su decisión sobre el conjunto del caso será registrada, y comenzará la etapa de apelaciones. Durante la fase de argumentos legales sobre las condiciones de la orden judicial, el Departamento de Justicia dio un anticipo de los planteamientos que hará para intentar que se revoque completamente la decisión de Griesa. En documentos presentados a la corte, los funcionarios del Departamento de Justicia argumentaron que una prohibición de usar los archivos sobre el PST y la AJS haría peligrar "los intereses vitales de autopreservación de la nación". Los abogados del fiscal general Edwin Meese invocaron la decisión de la Corte Suprema en 1951 que respaldó la condena de los dirigentes del Partido Comunista bajo la Ley Smith: "La Corte Suprema ha señalado que la autopreservación es el 'valor supremo de toda sociedad'". Plantearon que la necesidad de proteger este "valor supremo" está por encima de la protección de los derechos constitucionales de grupos e individuos. Es más, insistió el Departamento de Justicia, el hecho por sí solo de que el FBI no pudo presentar pruebas de delitos cometidos por el PST después de décadas de investigación no hace ilegal la investigación o los métodos usados. "El FBI estaba *y está* autorizado para realizar estas investigaciones", declararon. (Subrayado añadido.)

~

Durante las casi cinco décadas desde que el gobierno de Estados Unidos desató al FBI en una guerra contra los derechos políticos y las libertades democráticas, la vanguardia del movimiento obrero ha aprendido lecciones valiosísimas sobre la importancia de la lucha por los derechos democráticos. Son dolorosamente evidentes las consecuencias de no defender los derechos de aquellos con quienes uno pueda tener discrepancias políticas. Se ha visto el resultado negativo de una política que exige sacrificar la lucha por los derechos democráticos en nombre de un objetivo supuestamente más importante. Muchos trabajadores y agricultores políticamente conscientes en Estados Unidos han logrado una mejor apreciación de la importancia de las conquistas de los movimientos negro y sindical a favor del derecho a organizarse y a la asociación privada.

En el transcurso de su demanda contra el gobierno, el mismo PST ha adquirido una comprensión mucho más profunda y completa de su propia lucha por la codificación de sus derechos y los derechos de sus miembros y partidarios a través de una decisión judicial: un fallo que también será utilizado por otras personas. La decisión que se logró es una verdadera conquista para los derechos democráticos del pueblo de Estados Unidos. La defensa de esta victoria contra los intentos de debilitar o revocarla es una batalla a la que deben sumarse todos —en Estados Unidos y otros países— que entiendan que un golpe contra la policía secreta norteamericana y un triunfo para los derechos democráticos en Estados Unidos representará un logro para el pueblo trabajador en todo el mundo.

La guerra imperialista y la clase trabajadora

Farrell Dobbs

En 1949 Farrell Dobbs escribió la siguiente introducción a la tercera edición de *El socialismo en el banquillo de los acusados (Socialism on Trial* en inglés) por James P. Cannon. Ese libro presenta el testimonio que Cannon dio en el juicio federal de 1941 contra dirigentes del Partido Socialista de los Trabajadores y del Local 544-CIO que se describe en una sección anterior de este libro, "Caso fabricado en Minneapolis".

Cannon y Dobbs estaban entre los 18 acusados que fueron declarados culpables y encarcelados, en su caso en la penitenciaría federal Sandstone en Minnesota. Ellos, junto con otros 10 acusados, fueron sentenciados a 16 meses y cumplieron casi 13, desde el 31 de diciembre de 1943 hasta el 24 de enero de 1945. Otros seis recibieron sentencias de un año y cumplieron 10 meses.

El caso amañado contra los 18 fue el primer uso de la Ley Smith, la "Ley de la Mordaza", promulgada por el presidente Franklin Roosevelt en junio de 1940. Esta medida reaccionaria iba dirigida a silenciar a la vanguardia de los sindicatos y del movimiento obrero más amplio que estaba organizando y dirigiendo la oposición a los preparativos de Washington para arrastrar a los trabajadores y agricultores en Estados Unidos a la matanza imperialista de la Segunda Guerra Mundial.

Cannon fue uno de los dirigentes fundadores del movimiento comunista en Estados Unidos en 1919 y secretario nacional del Partido Socialista de los Trabajadores.

Dobbs fue uno de los dirigentes centrales de las huelgas del sindicato Teamsters en Minneapolis en 1934 y de la campaña para sindicalizar a los camioneros por carretera en gran parte del Medio Oeste entre 1937 y principios de 1940. Esas batallas transformaron al sindicato Teamsters de esa región en un combativo movimiento social proletario, allanando el camino para organizar sindicatos industriales a nivel nacional. Señalaron el camino hacia la acción política obrera independiente.

A partir de 1940, Dobbs asumió responsabilidades en la dirección central del PST. Fue secretario nacional responsable del trabajo sindical del partido, secretario nacional de organización, director del periódico *The Militant* y, de 1952 a 1972, secretario nacional del partido. Dobbs fue el candidato del PST para presidente de Estados Unidos cuatro veces entre 1948 y 1960.

Mientras él redactaba esta introducción a *El socialismo en el banquillo de los acusados* a principios de 1949, Dobbs también estaba escribiendo reportajes semanales para el *Militant* sobre un segundo juicio importante basado en la Ley Smith: el procesamiento ante la corte federal en la Plaza Foley de Nueva York contra 11 dirigentes del Partido Comunista. Todos fueron declarados culpables y 10 recibieron la máxima sentencia de cinco años.

La introducción de Dobbs arroja luz sobre cuestiones políticas fundamentales abordadas en *Cincuenta años de opera-*

ciones encubiertas en EE.UU.: La policía política de Washington y la clase obrera norteamericana.

El socialismo en el banquillo de los acusados es el testimonio textual de James P. Cannon, secretario nacional del Partido Socialista de los Trabajadores, en el juicio de Minnesota de 1941 contra 18 trotskistas bajo la Ley Smith, una medida de control del pensamiento. Los principales hechos del juicio y las condenas se relatan en la introducción de Joseph Hansen a la segunda edición, reproducida en este tomo.[1]

El testimonio del camarada Cannon en ese célebre juicio, al abordar toda la gama del marxismo, ha llegado a ser reconocido como la mejor introducción y la más sencilla para comprender las principales cuestiones del programa y las tácticas del socialismo revolucionario. Es el folleto más popular jamás publicado por nuestro movimiento. Ya se han agotado dos tiradas grandes de *El socialismo en el banquillo de los acusados.*

La reedición de este testimonio en el juicio de Minneapolis resulta aún más oportuno por la coincidencia de que en momentos en que esta tercera edición va a la imprenta, 11 dirigentes del estalinista Partido Comunista están siendo enjuiciados en un tribunal en Nueva York. Este nuevo juicio representa una notable confirmación de la predicción del camarada Cannon, en el juicio de Minneapolis, de que el ataque contra las libertades civiles que comenzó con el enjuiciamiento de los trotskistas iría dirigido más tarde contra otras organizaciones.

Los estalinistas apoyaron al gobierno en su enjuiciamiento de los 18 trotskistas y aplaudieron su condena y encarcelamiento. Pero esta traicionera conducta no los salvó cuando les llegó la hora. Ni siquiera los salvó de la situación verdaderamente irónica de que la acusación contra ellos alega que violaron la Ley Smith: la mismísima ley bajo la cual fueron enjuiciados y condenados los trotskistas en Minneapolis.[2]

El verdadero objetivo del gobierno capitalista en estos juicios de control del pensamiento es la proscripción del marxismo. Por lo tanto, es sumamente importante saber exactamente lo que es el auténtico marxismo. Pero ese conocimiento no se puede obtener de los estalinistas, quienes han tergiversado, pervertido y traicionado el programa marxista de tantas maneras. El marxismo tiene el derecho a ser defendido por sus genuinos exponentes.

En este contexto, la publicación de esta edición de *El socialismo en el banquillo de los acusados* responde a una necesidad especialmente vital. En esta obra se hallará una verdadera explicación del marxismo, presentada de manera clara y sencilla.

Quisiera destacar especialmente los comentarios sobre la guerra y la democracia. En estas páginas se encontrarán las respuestas del camarada Cannon sobre estos temas vitales durante el interrogatorio directo por el abogado defensor. Él explica que las guerras imperialistas para apoderarse de nuevos mercados, fuentes de materias primas y campos de inversión son inevitables mientras exista el capitalismo. El Partido Socialista de los Trabajadores está rotundamente opuesto a todas las guerras imperialistas.

"Es absolutamente cierto que Hitler quiere dominar al mundo", dijo el camarada Cannon, "pero nosotros pensamos que es igualmente cierto que el grupo gobernante del capitalismo americano tiene la misma idea y nosotros no estamos a favor ni de uno ni de otro.

"No creemos que las Sesenta Familias, dueñas de Estados Unidos, quieran librar esta guerra por algún sagrado principio de democracia. Pensamos que son los mayores enemigos de la democracia aquí en este país. Pensamos que ellos solo aprovecharían la oportunidad de la guerra para eliminar todas las libertades civiles en el país, para lograr la mejor imitación posible del fascismo".[3]

Estas palabras notables se pronunciaron hace siete años, en la víspera del ingreso formal del gobierno estadounidense a la Segunda Guerra Mundial. (Los 18 acusados en el juicio de Minneapolis fueron condenados a la prisión el 8 de diciembre de 1941, a la misma hora en que el Congreso estaba declarando la guerra). Estas palabras dieron un pronóstico certero de la actual campaña para aplastar los derechos civiles en este país en preparación para una nueva guerra destinada a conquistar al mundo.

El fiscal especial, quien luego fue recompensado con una magistratura federal, intentó rebatir estas predicciones durante el contra-interrogatorio. El consiguiente enfrentamiento permitió explicar más precisamente los objetivos bélicos del imperialismo americano y sus terribles consecuencias para los trabajadores. Vea, por ejemplo, estas citas.

"Una vez que hayan despojado a los trabajadores del derecho a la huelga valiéndose de pretextos dizque patrióticos", pronosticó el camarada Cannon, "los capitalistas comenzarán a bajar los salarios y a rechazar concesiones". No hay palabras más acertadas que estas, como sabe hoy todo trabajador después de que se impuso la congelación de salarios durante la guerra ante un vertiginoso aumento de la carestía de la vida.

"Lo próximo que seguramente se vislumbrará en el horizonte", agregó, "será el intento de estas Sesenta Familias y sus partidarios de impedir que se popularicen ideas adversas a los capitalistas y de frenar mediante leyes la organización de los trabajadores".[4]

Cuando se hizo esta predicción en 1941, los capitalistas

estaban generando propaganda sobre una guerra santa para defender las "cuatro libertades". La advertencia del camarada Cannon fue como un grito en el desierto. Solo le faltó dar el nombre de la futura ley federal antiobrera: la Ley Taft-Hartley.[5]

Su predicción de más ataques contra la libertad de pensamiento se ha confirmado repetidamente. La administración Truman ha emitido un decreto al estilo de Hitler que pone en una lista negra a las organizaciones tildadas de "subversivas".[6] El Departamento de Justicia ha hecho caso omiso de la demanda del Partido Socialista de los Trabajadores y de otras organizaciones estigmatizadas de que se celebre una audiencia pública sobre todas las acusaciones.

A consecuencia de esta lista negra, James Kutcher, un veterano de guerra que perdió las piernas, fue despedido de su empleo como oficinista en un centro regional de la Administración de Asuntos de Veteranos.[7] Se ha iniciado una alarmante depuración de maestros, pretendiendo controlar el pensamiento, en la Universidad de Washington. Hay ataques sobre muchos frentes contra los derechos civiles, incluido el actual juicio —una caza de brujas— contra los estalinistas.

"Esos 60 o 100 mil millones de dólares que están asignando para el derroche de gastos bélicos tendrán que ser pagados por alguien", dijo el camarada Cannon, "y tratarán de hacer que lo paguen las masas y los agricultores pobres". Solo queda por agregar las últimas cifras sobre las cantidades astronómicas destinadas a la guerra. La deuda nacional asciende a la increíble suma de 260 miles de millones de dólares, y siguen volcando miles de millones más de la riqueza nacional en las fauces del aparato bélico. Los ricos están extrayendo ganancias inauditas de la producción bélica, mientras los trabajadores y los pequeños agricultores pagan el pato con altos impuestos y precios de usura.

"Crecerán las demandas en este país entre los que quieren la libertad y el derecho a vivir, que buscan una salida de este manicomio de guerra y desempleo y creciente fascismo", concluyó.

La enorme ola de huelgas después de la guerra fue una confirmación preliminar de su pronóstico de que las masas se levantarían en pie de lucha frente a la arremetida capitalista contra su nivel de vida. La derrota de los republicanos en las elecciones de 1948 —que no fue prevista por ninguno de los expertos y pronosticadores políticos— fue producto en gran medida del levantamiento político de los trabajadores contra la Ley Taft-Hartley. Su apoyo a Truman como el "menor de los males" no significó de ninguna manera un voto de confianza para su administración. Estas dos manifestaciones de la posguerra, una en el campo económico y otra en el campo político, ya representan anticipos de la predicción del camarada Cannon de un gran levantamiento entre "los que quieren la libertad y el derecho a vivir".[8]

Estos extraordinarios pronósticos en 1941 de acontecimientos venideros muestran con elocuencia la validez del auténtico método y programa marxista que el camarada Cannon explica. Le recomiendo al lector una cuidadosa lectura de su testimonio.

Nueva York
8 de febrero de 1949

NOTAS

Cincuenta años de operaciones encubiertas en EE.UU.

1. PÁGINA 34 Farrell Dobbs, *Teamster Politics* (Política Teamster; Nueva York: Pathfinder, 1975), p. 25 [impresión de 2013].

2. PÁGINA 50 Relatado en Charles Washburn, *A Question of Sedition* (Una cuestión de sedición; Nueva York: Oxford University Press, 1986), p. 90. Esta es una de las fuentes existentes más extensas que documentan el acoso de la prensa negra por el gobierno durante la Segunda Guerra Mundial.

3. PÁGINA 52 Una parte importante de la historia de la lucha contra el racismo y la represión política durante la Segunda Guerra Mundial se narra en el libro de Pathfinder titulado *Fighting Racism in World War II* (Luchando contra el racismo durante la Segunda Guerra Mundial), una colección de artículos del periódico *Militant.*

4. PÁGINA 59 Francis Biddle, *In Brief Authority* (De breve autoridad; Garden City, NY: Doubleday & Co., 1962). Biddle no era nada tímido al defender las escuchas telefónicas. Atestiguando sobre la intervención del teléfono de Bridges ante el Comité Judicial del Senado en septiembre de 1941, dijo: "Es un asunto sucio, por supuesto, pero... también en otras ocasiones hemos abandonado los derechos civiles en tiempos de guerra".

5. PÁGINA 65 El texto completo del testimonio de Cannon ante la corte aparece en *El socialismo en el banquillo de los acusados,* por James P. Cannon, publicado por Pathfinder.

6. PÁGINA 67 Patti Iiyama, "American Concentration Camps" (Campos de concentración norteamericanos), *International Socialist Review*, abril de 1973, p. 28.

7. PÁGINA 70 Hace más de un cuarto de siglo, cuando se escribió este artículo, era razonable suponer que existía un mayor conocimiento en el movimiento obrero sobre el historial político del estalinismo de lo que existe hoy.

La realidad es que, ya para la segunda mitad de los años 20, los intereses promovidos y defendidos por el gobierno soviético ya no eran los de la clase trabajadora, ni en la Unión Soviética ni en otros países del mundo. Durante los primeros años de la Internacional Comunista, bajo la dirección de V.I. Lenin, esos intereses sí habían coincidido. No porque los bolcheviques impusieran su política sobre otros partidos comunistas, sino porque todos adoptaban como guía política común —independientemente de las desviaciones políticas y organizativas que ocurrieran— un programa y curso proletario e internacionalista.

Sin embargo, ya en la época que aborda este artículo, hacía mucho tiempo que no se decidía la política de Moscú de acuerdo a lo que impulsara mejor la lucha revolucionaria de los trabajadores por el poder estatal en ningún país del mundo. Más bien, las acciones del régimen de Stalin iban dirigidas a proteger el bienestar material y el poder de una casta social en la Unión Soviética que dominaba la burocracia del estado y del partido.

Estas capas sociales privilegiadas habían consolidado una contrarrevolución política en contra de la trayectoria internacionalista proletaria de Lenin. Para encubrir los desastres de su derechizante "zag" colaboracionista de clases a mediados de los años 20 —desde China hasta Gran Bretaña y en las zonas rurales de la misma Unión Soviética— lanzaron un "zig" ultraizquierdista desde 1928 hasta mediados de los años 30.

Ante el impacto de la crisis capitalista internacional, según proclamaban, la lucha de clases había iniciado un "Tercer Período" de continua "radicalización" de los trabajadores urbanos y rurales. Ya no se podía contemplar acciones de frente único con las organizaciones socialdemócratas (ahora tildadas de "socialfascistas"); los comunistas tenían que formar sus propios sindicatos "rojos" y dar la espalda a la lucha para transformar los sindicatos existentes en instrumentos de lucha revolucionaria; y la colectivización forzosa de los campesinos en la Unión Soviética era la única vía para impulsar la producción agropecuaria y combatir a las capas explotadoras en la Unión Soviética.

El resultado desastroso de ese aventurismo brutal y burocrático —en primer lugar, el triunfo del fascismo en Alemania en 1933, producto ante todo del curso estalinista de impedir la resistencia unitaria de los Partidos Comunistas y socialdemócratas— llevó a otro nuevo "zag". A partir de 1935 las direcciones del PC insistieron en formar alianzas en un "Frente Popular" con los partidos y gobiernos burgueses del "imperialismo democrático" por todo el mundo. Unos años más tarde —desde el pacto Stalin-Hitler en agosto de 1939 hasta la invasión del imperialismo alemán a la Unión Soviética en junio de 1941— los partidos estalinistas y sus filas recibieron la orden nuevamente de hacer un nuevo "zig" a la izquierda.

Estos cambios abruptos en la línea política, diplomática y militar de Moscú —y la expansión de su aparato asesino internacional para suprimir cualquier oposición obrera a estos— no solo le ganaron a Stalin el calificativo "decapitador de revoluciones" sino que pusieron en peligro grave la defensa de la Unión Soviética y las conquistas revolucionarias de los trabajadores y agricultores allá y por todo el mundo.

8. PÁGINA 73 Las palabras de Blas Roca en 1939 sobre la adopción de una "actitud positiva" hacia Batista se publicaron en el folleto *La unidad vencerá al fascismo* (La Habana: Ediciones Sociales, 1939), p. 48. Su aprobación de la declaración del embajador estadounidense Sumner Welles de que la "era del imperialismo ha terminado" se encuentra en *Los fundamentos del socialismo en Cuba*, por Roca (La Habana: Editorial Páginas, 1943), p. 11. Los comentarios de Roca, citados aquí, sobre el colaboracionismo de clases pueden hallarse en el folleto *La colaboración entre obreros y patronos* (La Habana: Ediciones Sociales, 1945), p. 20. Ver también

Hugh Thomas, *Cuba, or the Pursuit of Freedom* (Cuba, o la búsqueda de la libertad; Nueva York: Da Capo Press, 1998), p. 734. Y también K.S. Karol, *Guerrillas in Power* (Guerrilleros en el poder; Londres: Jonathan Cape, 1971), pp. 83–87.

9. PÁGINA 74 Esta entrevista con Borge apareció en el número de mayo de 1986 de *Crisis*, publicado en Buenos Aires.

10. PÁGINA 83 En septiembre de 2008, 21 años después de la publicación del presente artículo, Morton Sobell dijo al reportero Sam Roberts del *New York Times* que él y Julius Rosenberg habían sido espías para el gobierno soviético en los años 40. Unos días más tarde, los dos hijos de los Rosenberg —Robert y Michael Meeropol— dijeron que también ellos ahora estaban convencidos que su padre había sido espía. "Desde hace tiempo lo había considerado una posibilidad real", dijo Robert, "y esto [la afirmación de Sobell] inclina la balanza".

Dos años después, Walter y Miriam Schneir, autores del libro *Invitación a una encuesta*, editado en 1965, que argumentaba que los Rosenberg no habían realizado espionaje, publicaron un segundo libro titulado *Final Verdict: What Really Happened in the Rosenberg Case* (Veredicto final: Qué pasó realmente en el caso de los Rosenberg). En este, afirmaron su conclusión de que Julius Rosenberg había empezado a espiar para el gobierno soviético en 1941 y había llegado a dirigir una red de ocho agentes.

Nada de esto quita el hedor de las pruebas fabricadas y la colaboración entre el juez y los fiscales federales que caracterizaron este caso amañado. Ni tampoco exculpa al gobierno norteamericano por su bochornosa decisión de ejecutar a los Rosenberg después de que se negaron a declararse "culpables" a cambio de la conmutación de la sentencia.

No cambia el hecho de que el único cargo presentado contra los Rosenberg y contra Sobell fue el de "conspiración", y no de un acto de espionaje comprobado. Los actos concretos son mucho más difíciles de demostrar a un jurado que una vaga "conspiración".

11. PÁGINA 83 Michael y Robert Meeropol, *We Are Your Sons* (Somos sus hijos; Boston: Houghton Mifflin, 1975).

12. PÁGINA 100 En marzo de 1976, el Departamento de Justicia anunció nuevas "pautas" para las operaciones de "contrainteligencia" del FBI. Con esta fachada de reforma, el gobierno pretendía crear la impresión de que estaba restringiendo los abusos antidemocráticos del FBI como los que fueron revelados durante la demanda del PST y otras revelaciones después de Watergate, pero sin limitar realmente los poderes del FBI.

13. PÁGINA 111 El 20 de agosto de 1987, el juez Griesa emitió un interdicto que le prohíbe al FBI y a otras agencias del gobierno el uso de información sobre el PST y la AJS obtenido por medios ilegales. El juez fortaleció la orden con una estipulación donde aclaraba que los nombres de los miembros del PST y de la AJS que estén en manos del gobierno deben haber sido obtenidos ilegalmente, ya que ninguno de los dos grupos divulga al público esa información.

En su decisión de 1986, Griesa había limitado su fallo sobre la ilegalidad de los soplones del FBI al período 1974–76, debido a la ley que limita las indemnizaciones retroactivas a no más de dos años. Sin embargo, en su interdicto, Griesa expandió su fallo inicial declarando:

"La corte declara inconstitucionales las actividades de los informantes durante todo el período de 1960–76".

El fiscal general Edwin Meese había insistido que aun si se emitía un interdicto, las agencias federales debían tener derecho a usar la información contenida en los archivos sellados en situaciones de "emergencia", ya fuera obteniendo una exención de cualquier juez federal en el país o, en casos de extrema urgencia, usando la información y luego notificando a la corte después del hecho. El juez rechazó esta demanda, declarando que "ninguna razón ha sido presentada para permitir que el gobierno, con sus propios criterios, haga tal excepción del mandato de la corte".

Este interdicto es una gran victoria para los derechos democráticos.

La guerra imperialista y la clase trabajadora

1. PÁGINA 117 La introducción de 1944 de Joseph Hansen aparece en la edición de *El socialismo en el banquillo de los acusados* publicada por Pathfinder en 2014 en inglés y en español. En el artículo de Dobbs, los números de página de las citas de Cannon fueron cambiados para que correspondan a los de esta nueva edición.

2. PÁGINA 118 El apoyo que la dirección del Partido Comunista prestó al enjuiciamiento de los 18 dirigentes del PST y del Local 544-CIO se aborda en una parte anterior de este libro; ver las pp. 67–76. Sobre la formulación de cargos y el juicio contra los dirigentes del PC en 1948–49 bajo la Ley Smith, ver la p. 81. Ver también " 'Un ataque contra uno es un ataque contra todos', un curso digno de defender en el movimiento obrero", por Steve Clark, *Nueva Internacional* no. 8, pp. 247–54.

3. PÁGINA 119 *El socialismo en el banquillo de los acusados,* p. 88.

4. PÁGINA 119 *El socialismo en el banquillo de los acusados,* pp. 147–48.

5. PÁGINA 120 La Ley Taft-Hartley, promulgada en 1947, le otorga al gobierno federal amplios poderes para intervenir en el movimiento sindical y desorganizarlo. La "Ley del Trabajo Esclavo", según la denominaban los sindicalistas, autorizaba órdenes judiciales para romper huelgas, daba más facilidad a los patrones y a los gobiernos estatales para restringir el ingreso de trabajadores a los sindicatos, prohibía las huelgas de empleados del gobierno, prohibía boicots secundarios durante conflictos laborales, exigía que los funcionarios sindicales firmaran juramentos anticomunistas de "lealtad" y permitía que agencias federales se entrometieran en los archivos y las finanzas sindicales.

6. PÁGINA 120 La Lista de Organizaciones Subversivas del Fiscal General fue decretada por la administración Truman a fines

de 1947. Antes de ser abolida en 1974 bajo la presión de la lucha por los derechos de los negros, del movimiento contra la guerra en Vietnam y de otras luchas sociales y políticas que beneficiaban los intereses de la clase obrera, la lista había crecido a casi 300 organizaciones. El Partido Socialista de los Trabajadores fue puesto en la lista desde el comienzo.

7. PÁGINA 120 James Kutcher (1912–89), quien perdió ambas piernas en la Segunda Guerra Mundial, fue despedido en 1948 de su puesto como empleado del gobierno federal. Las autoridades dijeron que fue porque era miembro del Partido Socialista de los Trabajadores, que había sido catalogado de "subversivo". Este ataque provocó una batalla en defensa de Kutcher que a lo largo de ocho años ganó el apoyo de miles de sindicalistas, organizaciones pro derechos de los negros y otros partidarios de los derechos políticos. En 1956 Kutcher recuperó su empleo.

8. PÁGINA 121 Las tres citas anteriores son de *El socialismo en el banquillo de los acusados,* pp. 148–49.

ÍNDICE

Abt, John, 19–20
Agricultores, negros, 44
Albizu Campos, Pedro, 53
Alemania, 37, 43, 56, 77
Alianza de la Juventud Socialista (AJS), 7–10, 27, 28–29, 39, 95, 109–10, 111–12
América Latina
  estalinismo en, 71–74
  lucha revolucionaria en, 37
Anticomunismo. *Ver* Macartista, cacería de brujas
Atención médica, 44

Barnes, Jack, 24–25
Batista, Fulgencio, 72–73
Bell, Griffin, 96
Biddle, Francis, 50–51, 58–59, 62, 123
Bolcheviques y Revolución Rusa, 16, 124
Borge, Tomás, 73–74, 126
Boudin, Leonard, 27–28, 29, 89, 101–2, 105, 109–10
Bridges, Harry, 58
Browder, Earl, 19, 69, 73
Brownell, Herbert, 88, 89–90, 97–98
Bush, George H.W., 12
Bush, George W., 12

Calero, Róger, 21
Canadá, en Segunda Guerra Mundial, 54
Cannon, James P., 63, 65, 115–17, 123
Carpenter, Earl, 34
Carta de Derechos, 32, 55, 58–59, 88, 98, 101
Castro, Fidel, 22–23
Chicago Defender, 50
Chicanos. *Ver* Mexicano-americanos
China, 57, 77
Cinco Cubanos, 23–24
Cincuenta años de operaciones encubiertas en EE.UU. (Larry Seigle), 8, 11
Clase trabajadora
  acción política independiente de la, 32, 70
  ataques del FBI contra, 31–35, 38–39, 58
  negros estadounidenses en la, 44–45
  Ver también Sindicatos
Clinton, William, 12
Cointelpro (Programa de Contrainteligencia), 29, 88–92, 94, 110–11
Cointelpro: the FBI's Secret War on Political Freedom (Cointelpro: La guerra secreta del FBI contra la libertad política) (Nelson Blackstock), 11
Comisión Electoral Federal (FEC), 14–15

Comité de Actividades Anti-Americanas de la Cámara de Representantes (HUAC), 85
Comité de Defensa de los Derechos Civiles (CRDC), 19–20, 66, 67
Comité Nacional de Emergencia por las Libertades Civiles (ECLC), 87
Commager, Henry Steele, 89
Congreso de Organizaciones Industriales (CIO), 58, 67, 70
 ascenso del, 36, 58
 burocratización del, 57–58
 Ver también Sindicatos
Control de Inmigración y Aduanas (ICE), 20
Corea, guerra de, 77, 87, 93–94
Corte Suprema de Estados Unidos, 87, 112
 sobre derecho a privacidad, 91–92
 sobre escuchas telefónicas, 59, 97–98
Costa Rica, 73
Cuba, Partido Socialista Popular durante Segunda Guerra Mundial en, 71–73
Curtis, Mark, caso fabricado contra (1988), 11–12, 24–26

Daily Worker, 67–68, 84, 85
Dennis, Eugene, 82
Deportaciones, como arma contra clase obrera, 12–13, 20–21, 35, 52, 58, 85
Depresión, Gran, 44
Derechos democráticos
 Cuarta Enmienda, 28, 97–98, 110
 lucha por defender, 28, 32, 34–35, 41–42, 79–80, 86, 113
 Primera Enmienda, 27–28, 90–92, 102, 110–11
Dobbs, Farrell, 18, 34, 115–16
DuBois, W.E.B., 66
Dulles, Allen, 88

Eisenhower, Dwight, 88
Engels, Frederick, 22, 66, 106
Estalinismo, 70–72, 124–25
 línea del Frente Popular del (1935–39), 70, 71, 72–73, 75, 80–81, 86, 125
 "Tercer Período" del (1928–35), 124–25
 Ver también Partido Socialista Popular (Cuba); Partido Comunista de EE.UU.
"Estoy dispuesto a morir" (Nelson Mandela), 23

Fascismo, 56
 exageración de su amenaza durante el macartismo, 82, 86
 "Frente Popular" contra el, 65, 70, 73
FBI
 acosa a trabajadores y agricultores, 31–35, 38–39, 58–59
 allanamientos y escuchas telefónicas, 27, 29, 58–59, 90, 109–10, 123
 como policía política, 16–17, 27, 34–38, 39, 42, 100, 107
 ilusiones liberales en el, 100, 127
 reforma cosmética del, 100, 127
 sus archivos sobre el PST, 29, 95–96, 103–5, 111–12
 sus operaciones contra el PST, 10–11, 27, 29, 40–41, 62, 63, 78, 88, 90
 uso de soplones por el, 28–29, 59–60, 90, 95–96, 105, 110
 viola derechos constitucionales, 32, 58–59, 88, 109–13
 Ver también Cointelpro

FBI on Trial: The Victory in the Socialist Workers Party Suit against Government Spying (El juicio contra el FBI: La victoria en la demanda del Partido Socialista de los Trabajadores contra el espionaje por el gobierno) (Margaret Jayko, ed.), 11
Federación Americana del Trabajo (AFL), 44, 57, 67
Fighting Racism in World War II (Luchando contra el racismo durante la Segunda Guerra Mundial), 123
Final Verdict: What Really Happened in the Rosenberg Case (Veredicto final: Qué pasó realmente en el caso de los Rosenberg) (Walter y Miriam Schneir), 126
Fiscal General, Lista de Organizaciones Subversivas del (1947), 120, 128–29
Fondo para la Defensa de los Derechos Políticos (PRDF), 28, 30
Foster, William Z., 81
Fouts, Howard, 34
Francia, 37

Garvey, Marcus, 16
Gobierno estadounidense
  casos fabricados antiobreros por el, 31–36, 59–67
  creciente poder ejecutivo del, 12–13, 17, 38, 39–40, 41–42, 93, 97–98
  métodos encubiertos del, 39–40, 55, 89, 90, 92–95, 107
  y los "poderes inherentes del presidente", 17–18, 39–40, 89–90, 94, 96–98, 111
Gobierno estadounidense (*continuación*)
  sus acusaciones de actividades "subversivas", 38–39, 40–41, 48–49, 55, 59, 90, 118, 120
  Ver también FBI
González, Fernando, 23–24
González, René, 23–24
Gran Bretaña, 37
Green, Gil, 83
Griesa, Thomas, 28–29, 98, 101
  declara al fiscal general culpable de desacato a la corte (1978), 96
  sobre "evidencia" secreta del gobierno (1981), 103–5
  su fallo en demanda del PST (1986), 7, 10–11, 20, 28–29, 109–12
  su orden judicial (1987), 7, 11, 29, 111–12, 127
Guerra fría, 77, 79, 80–81
Guerrero, Antonio, 23–24

Hall, Gus, 82
Hansen, Joseph, 117
Hernández, Gerardo, 23–24
Historia me absolverá, La (Fidel Castro), 23
Hitler, Adolfo, 65, 71, 118
Hoover, J. Edgar, 16–17, 38, 59, 88–89

Imperialismo norteamericano
  su respuesta a la Primera Guerra Mundial y a la Revolución Rusa, 16, 20–21, 35–36, 39
  en la Segunda Guerra Mundial, 37–39, 43, 64–65
  en la guerra fría, 77, 80–81
  guerras inevitables bajo el, 118
  mismos métodos al interior del país y en el exterior, 40, 93, 94

Impuestos, Agencia Federal de (IRS), 13
Inmigrantes en Estados Unidos, 52
Ver también Deportaciones, como arma contra clase obrera
Internacional Comunista, 70, 76
Irán-Contras, escándalo, 94–95

Jaffe, Philip, 19
Japón, 37, 77
Japoneses-americanos, 52–53, 54
Jim Crow, sistema de segregación racial, 44, 87, 91
Johnson, Joe, 21
Johnson, Ralph, 34
Jruschov, Nikita, 74
Juicio contra los Comunistas en Colonia (1852), 22–23

Keuch, Robert, 17–18, 40–41
King, Martin Luther, 48
Ku Klux Klan, 44
Kutcher, James, 120, 129

Labañino, Ramón, 23–24
Lenin, V.I., 66, 124
Lewis, John L., 57, 58, 67, 78
Ley de Espionaje (1917), 13
Leyes sobre Extranjeros y Sedición, 61–62
Ley McCarran (1950), 81–82
Ley Smith, 32, 51, 61, 88–89
  juicio al PST bajo (1941), 17–18, 32, 51, 61–68, 115–16
  juicio al Partido Comunista bajo (1949), 18–19, 81–83, 112, 117–18
  depuraciones en Universidad de Washington bajo (1949), 120
Ley Taft-Hartley "del trabajo esclavo" (1947), 120–21
Liga Obrera Revolucionaria (RWL, Canadá), 54
Liga Socialista Obrera (Canadá), 54
Listas negras, 27, 85, 90, 101, 120

Macartista, cacería de brujas, 37, 74, 78–81, 86–87
  socialdemócratas y estalinistas y, 79–86
Malcolm X, 48
Maloney, Jack, 34
Mandela, Nelson, 23
Manifiesto Comunista, El (Marx y Engels), 66, 106
Marroquín, Héctor, 12, 21
Marx, Carlos, 22–23, 66, 106
Meeropol, Michael y Robert, 126–27
Meese, Edwin, 29, 112, 127
Mexicano-americanos, 52, 94
Militant, The, 18, 51, 54, 116
Miller, Louis, 34
Muhammad, Elijah, 51
Mujeres, FBI y, 39, 94
Musulmanes Negros, 51, 78

NAACP (Asociación Nacional por el Avance de las Personas de Color), 46, 49–50, 66, 91, 110
National Guardian, 84
Negros, discriminación en EE.UU. contra, 43–46, 51
Negros, lucha de los
  como blanco de ataque del FBI, 16, 37, 38, 39, 48–52, 59–60, 62, 94, 123
  durante Segunda Guerra Mundial, 44–50, 66, 69
  movimiento de derechos civiles en EE.UU., 9, 16, 87, 90–91
New International, 11
Nicaragua
  estalinistas en, 73–74

Nicaragua (*continuación*)
guerra contrarrevolucionaria de Washington contra, 95
Nixon, Richard, 9, 28, 88, 96–97
Northwest Organizer, 35

Obama, Barack, 12–13

Palmer, redadas (1919–20), 20–21, 35
Panteras Negras, Partido de los, 48, 90
Partido Comunista de Estados Unidos
apoya a Roosevelt, 70–71
durante Segunda Guerra Mundial, 46, 67–68, 71
faccionalismo del, 75–76, 80
juicio bajo la Ley Smith contra (1949), 18–20, 81–83, 112, 117–18
miente a la clase obrera, 75, 85–86, 108
operaciones del FBI contra, 30, 88, 89–90, 99, 108
su "clandestinidad" durante el macartismo, 82–83, 84–86
su subordinación a política soviética, 69–71, 74–76, 108, 124–25
vulnerable a cacería de brujas, 80–81, 82–83, 85–86, 108
y el caso de los Rosenberg (1950–53), 83–84, 108
y juicio bajo la Ley Smith contra PST (1941), 19–20, 67–69, 76, 116–18
Ver también Estalinismo
Partido Demócrata, 55
apoyo del Partido Comunista al, 70, 71
Partido Nacionalista (Puerto Rico), 53–54
Partido Republicano, 55, 70
Partido Socialista de EE.UU., 46, 79–80
Partido Socialista de los Trabajadores (PST), 56, 84
actividades públicas legales del, 63–64, 102
caso amañado bajo la Ley Smith contra (1941), 17–19, 32, 51, 61–68
operaciones del FBI contra, 10–11, 15–16, 27–28, 29, 39–42, 63–64, 78, 88, 90
sin agenda oculta, 9, 15–16, 102, 103–7
y Comisión Electoral Federal, 14–15
Partido Socialista de los Trabajadores, demanda contra FBI del, 7–11, 39–42, 88, 93, 106–7, 108
presentación de la (1973), 27–28, 93
acuerdos ofrecidos por el gobierno (1976–80), 99–103
fiscal general declarado culpable de desacato (1978), 96
"pruebas secretas" en (1981), 102–6
fallo del juez en (1986), 7–11, 28–29, 109–12
indemnización financiera otorgada (1986), 29, 111
orden judicial (1987), 7, 11, 29, 111, 112
gobierno federal descarta posible apelación (1988), 7
significado de su victoria, 7–8, 28, 109–12, 113
y otras demandas judiciales, 100, 102
Partido Socialista Popular (Cuba), 72–73

Pearl Harbor (1941), 37, 66
Pinkertons, 36
Pinto Gandía, Julio, 54
Pittsburgh Courier, 47–48, 49
Poderes ejecutivos, expansión de los, 12–13
Política Teamster (Farrell Dobbs), 34, 123
Polonia, 37
Powell, Adam Clayton, 66
Privacidad, derecho a, 28, 29, 40, 91–92, 110–11, 113
Puertorriqueños, 94
Puerto Rico, 53–54

Quebec, oposición al servicio militar obligatorio en, 54
Quinn, Francis, 34

Randolph, A. Philip, 16
Revelaciones sobre el proceso contra los comunistas en Colonia (Carlos Marx), 22–23
Revolución colonial, 37, 46, 56, 64–65, 77
Revolución Cubana, 13, 22, 23–24
Roca, Blas, 72
Roosevelt, Eleanor, 89
Roosevelt, Franklin D.
  ataques al movimiento obrero, 17–18, 35, 36, 38–39, 40–41, 48–49, 58–60, 61, 115–18
  y detención de japoneses-americanos, 52–53
Rosenberg, Ethel y Julius, 82, 83–84, 108, 126

Schneir, Walter y Miriam, 126
Segunda Guerra Mundial, 37, 93, 116, 118–21
  campaña de la "Doble V" durante, 47–48, 49, 67
Segunda Guerra Mundial (*continuación*)
  carácter de, 37, 43, 64–65
  oposición obrera a, 55–57, 64
Servicio de Inmigración y Naturalización (INS), 20
Sindicato Unido de Mineros (UMWA), 57, 58, 67
Sindicatos
  campañas antibélicas en los, 17, 55–57, 115–16, 118–19
  como blanco de ataque del FBI, 31–35, 36–39, 58, 59–60, 62–63, 113
  democracia en los, 62, 64
  repliegue político de, 57–58, 78, 90–91
  y ascenso en los años 30, 32, 36
  y la lucha por derechos democráticos, 66–67, 86
  Ver también Congreso de Organizaciones Industriales (CIO); Teamsters, Local 544 de los
Sioux City, caso fabricado de. *Ver* Teamsters, Medio Oeste, y caso fabricado de Sioux City
"60 Minutes" (programa de televisión), 13
Skoglund, Carl, 21
Smith, Thomas, 34–35, 42
Sobell, Morton, 82, 83
Socialdemócratas (EE.UU.), 107–8
  Ver también Socialistas Democráticos de América; Partido Socialista de EE.UU.
Socialismo en el banquillo de los acusados, El (James P. Cannon), 18, 23, 115–21, 128
Socialistas Democráticos de América (DSA), 99
Somoza, Anastasio, 73

Stalin-Hitler, pacto (1939), 125
Stalin, José, 70–71, 74, 76
Stulz, Walter K., 34

Teamsters del Medio Oeste, caso fabricado en Sioux City contra, 31–35
Teamsters, Local 544 de los
su campaña contra la Segunda Guerra Mundial, 56–57
y caso amañado bajo Ley Smith contra, 17, 32, 61–62, 115–16
"Tea Party" (Partido del Té), republicanos del, 13
They Have Declared Me a Man Without a Country (Me han declarado un hombre sin país (Joe Johnson), 21
Thomas, Norman, 89
Thompson, Robert, 83
Totalitarismo, 42
Trotsky, León, 66, 76
Truman, Harry, administración, ataques antisindicales por la, 120–21, 128–29

Unión Americana de Libertades Civiles (ACLU), 66–67
Unión Soviética
defensa obrera de, 64, 70
y el movimiento estalinista mundial, 69–76
la Segunda Guerra Mundial y, 43, 64, 71
Ver también Estalinismo

Vietnam, guerra en, 94
Ver también Vietnam, movimiento contra guerra en
Vietnam, movimiento contra guerra en, 9, 94
ataques del FBI contra el, 36–37, 39, 94, 96

Watergate, 9, 27, 36, 93, 94, 95
Welles, Sumner, 72
Winston, Henry, 83
Winter, Carl, 68
Winter, Margaret, 104

Youngdahl, juez Luther, 89

DEFENSA DE LAS LIBERTADES CONSTITUCIONALES

Cointelpro

The FBI's Secret War on Political Freedom

(Cointelpro: La guerra secreta del FBI contra la libertad política)

NELSON BLACKSTOCK

Una mirada a fondo al programa encubierto de interferencia y contrainteligencia del FBI en los años 60 y 70, realizado bajo el nombre COINTELPRO. Reproduce extensamente documentos del FBI publicados a raíz de la demanda judicial del Partido Socialista de los Trabajadores contra el espionaje del gobierno. En inglés. US$15

El socialismo en el banquillo de los acusados

Testimonio en el juicio por sedición en Minneapolis

JAMES P. CANNON

El programa revolucionario de la clase trabajadora, presentado en respuesta a cargos fabricados de "conspiración sediciosa" en 1941, en vísperas del ingreso de Washington a la Segunda Guerra Mundial. Los acusados eran dirigentes del movimiento obrero en Minneapolis y del Partido Socialista de los Trabajadores. US$15. También en inglés, francés y persa.

FBI on Trial

The Victory in the Socialist Workers Party Suit Against Government Spying

(El juicio contra el FBI: La victoria en la demanda del Partido Socialista de los Trabajadores contra el espionaje del gobierno)

MARGARET JAYKO

Relata la victoria histórica en la lucha por los derechos constitucionales. Incluye el texto del fallo de 1986 de la corte federal contra el espionaje del gobierno y fragmentos del testimonio en el juicio. En inglés. US17

Las luchas del sindicato Teamsters

FARRELL DOBBS

Cuatro libros sobre las huelgas, luchas de sindicalización y campañas políticas que transformaron a los Teamsters en los años 30 en un combativo movimiento sindical industrial.

Farrell Dobbs fue organizador de estas batallas sindicales y dirigente del Partido Socialista de los Trabajadores.

Una herramienta para trabajadores que quieren usar la fuerza sindical en sus centros laborales e impulsar la lucha por un partido obrero independiente. US$16 cada tomo, US$50 por los cuatro. También en inglés. *Rebelión Teamster* además existe en francés, persa y griego.

En defensa del marxismo

Contra la oposición pequeñoburguesa en el Partido Socialista de los Trabajadores

LEÓN TROTSKY

Una respuesta a aquellos en el movimiento obrero revolucionario a fines de los años 30 que claudicaron ante el patriotismo burgués cuando Washington se aprestaba a ingresar a la Segunda Guerra Mundial. Trotsky explica que solo un partido que luche por integrar a trabajadores a sus filas y dirección podrá mantener un rumbo comunista. Trotsky defiende las bases materialistas y dialécticas del marxismo. US$17. También en inglés.

America's Revolutionary Heritage

Marxist Essays

(La herencia revolucionaria de Estados Unidos: Ensayos marxistas)

GEORGE NOVACK

Una explicación materialista de la Revolución Norteamericana, la Guerra Civil y la Reconstrucción Radical, el genocidio contra los indígenas, el ascenso del imperialismo norteamericano, la primera ola de luchas por los derechos de la mujer y mucho más. En inglés. US$23

PATHFINDERPRESS.COM

CONTINUIDAD Y PROGRAMA COMUNISTA

¡Nuevo!

La lucha contra el odio antijudío y los pogromos en la época imperialista

Lo que está en juego para la clase trabajadora internacional

V.I. LENIN, LEÓN TROTSKY
FARRELL DOBBS, JAMES P. CANNON
JACK BARNES, DAVE PRINCE

El odio antijudío y los pogromos —como el que Hamás desató el 7 de octubre de 2023— hoy son parte de las permanentes convulsiones sociales y guerras de la época imperialista. Por eso, combatir el odio a los judíos es decisivo para la clase trabajadora y las naciones oprimidas de todo el mundo. Los autores responden a la pregunta primordial: Qué hacer para ponerle fin de una vez por todas. US$10. También en inglés y francés.

Ya superamos el punto más bajo de la resistencia del pueblo trabajador

El Partido Socialista de los Trabajadores mira hacia adelante

JACK BARNES, MARY-ALICE WATERS, STEVE CLARK

El orden global impuesto por Washington tras su victoria en la Segunda Guerra Mundial se está desmoronando. Se acabó el largo repliegue de la clase obrera y los sindicatos. Los patrones y su gobierno aumentan sus ataques a nuestros salarios, condiciones y derechos constitucionales. Este libro destaca las oportunidades para forjar un partido obrero de masas capaz de dirigir una lucha que ponga fin al dominio capitalista y abra paso a un futuro socialista para la humanidad. US$10. También en inglés y francés.

En defensa de la clase trabajadora norteamericana

MARY-ALICE WATERS

US$7. También en inglés, francés, persa y griego.

La crisis política de los gobernantes de EE.UU. y la respuesta del pueblo trabajador

El historial antiobrero de los Clinton

Por qué Washington le teme al pueblo trabajador

Jack Barnes

Lo que el pueblo trabajador necesita saber sobre el curso, impulsado por el lucro, que han seguido los demócratas y republicanos por igual en los últimos 30 años. Y el despertar político de los trabajadores que buscan entender y resistir los ataques de los gobernantes capitalistas. US$10. También en inglés, francés, persa y griego.

¿Son ricos porque son inteligentes?

Clase, privilegio y aprendizaje en el capitalismo

Jack Barnes

Expone las crecientes desigualdades de clase en EEUU y las justificaciones de las capas profesionales bien remuneradas que creen que su "brillantez" las califica para "regular" a los trabajadores, quienes supuestamente no sabemos lo que nos conviene. US$10. También en inglés, francés, persa, árabe y griego.

¿Es posible una revolución socialista en Estados Unidos?

Un debate necesario entre el pueblo trabajador

Mary-Alice Waters

Un rotundo "sí" es la respuesta que se presenta aquí. Posible, pero no inevitable. Eso depende de lo que haga el pueblo trabajador. US$7. También en inglés, francés y persa.

PATHFINDERPRESS.COM

US$12 US$15 US$20

Tres libros para ser leídos juntos . . .

sobre la construcción de un partido que es proletario en su programa, composición y conducta. Que reconoce, con palabras y acciones, el hecho más revolucionario de esta época . . .

. . . que los trabajadores tenemos la capacidad de crear un mundo diferente cuando actuamos juntos para defender nuestros intereses, no los de la clase que se enriquece explotando nuestra mano de obra, ni los de aquellos que nos temen como "deplorables" o incluso "basura".

Al seguir un rumbo revolucionario hacia el poder obrero, vamos a transformarnos y descubrir nuestro valor propio. También en inglés, francés, persa y griego.

¡Oferta especial!
Los tres por US$30

El viraje a la industria junto con *Los tribunos del pueblo y los sindicatos* US$20

Cualquiera de estos dos libros junto con *Malcolm X, la liberación de los negros y el camino al poder obrero* US$25

LA REVOLUCIÓN SOCIALISTA CUBANA

¡Nueva edición!

Che Guevara sobre economía y política en la transición al socialismo

CARLOS TABLADA

Es esencial que el pueblo trabajador tome el poder estatal, dijo Ernesto Che Guevara. "Después viene la segunda etapa, quizás más difícil que la anterior", la transición desde el capitalismo y sus valores despiadados hacia el socialismo. Esto incluye pasar del trabajo como condición obligatoria para la supervivencia, hacia el trabajo social voluntario a través del cual expresamos nuestra humanidad común. Incluye el discurso de Fidel Castro de 1987 "Las ideas del Che son de una vigencia absoluta". Nueva edición con selecciones ampliadas de los escritos de Guevara. US$17. También en inglés y próximamente en francés.

Cuba y la revolución norteamericana que viene

JACK BARNES

Un libro sobre el ejemplo del pueblo cubano: que una revolución socialista no solo es necesaria sino es posible. Sobre las luchas del pueblo trabajador y los jóvenes atraídos a ellas en Estados Unidos, donde hoy las fuerzas gobernantes descartan las capacidades revolucionarias de los trabajadores tanto como descartaron las del pueblo cubano. Y de forma igualmente errada. US$10. También en inglés, francés y persa.

Las mujeres en Cuba: Haciendo una revolución dentro de la revolución

VILMA ESPÍN, ASELA DE LOS SANTOS, YOLANDA FERRER

La integración de las mujeres a las filas y dirección de la Revolución Cubana fue parte inseparable de la trayectoria proletaria de esta desde el principio. Esta es la historia de esa revolución y cómo transformó a las mujeres y los hombres que la hicieron. US$17. También en inglés, persa y griego.

AMPLÍE SU BIBLIOTECA REVOLUCIONARIA

El trabajo, la naturaleza y la evolución de la humanidad

La visión larga de la historia

FEDERICO ENGELS, CARLOS MARX
GEORGE NOVACK
MARY-ALICE WATERS

Sin comprender que el trabajo social, al transformar la naturaleza, ha impulsado la evolución de la humanidad durante millones de años, los trabajadores no podremos ver más allá de la época capitalista de explotación de clases que deforma todas las relaciones, ideas y valores humanos. Solo la conquista revolucionaria del poder estatal por la clase trabajadora podrá abrir la puerta a un mundo libre de la explotación capitalista, degradación de la naturaleza, subyugación de la mujer, racismo y guerras. A un mundo basado en la solidaridad humana. Un mundo socialista. US$12. También en inglés y francés.

El Manifiesto Comunista

CARLOS MARX Y FEDERICO ENGELS

El comunismo, según explican los dirigentes fundadores del movimiento obrero revolucionario, no es un conjunto de ideas o "principios" preconcebidos sino el camino de la clase obrera hacia el poder, que surge de un "movimiento que se desarrolla ante nuestros ojos". US$5. También en inglés, francés, persa y árabe.

El capital

CARLOS MARX

Marx explica cómo funciona el sistema capitalista y cómo produce las contradicciones irresolubles que engendran la lucha de clases. Demuestra la inevitabilidad de la lucha revolucionaria para crear una sociedad gobernada por primera vez por la mayoría productora: la clase trabajadora. Tres tomos. Tomo 1, US$30 / Tomo 2, US$16 / Tomo 3, US$20. También en inglés.

Los cosméticos, las modas y la explotación de la mujer

JOSEPH HANSEN, EVELYN REED
MARY-ALICE WATERS

Explica cómo los capitalistas refuerzan la posición de segunda clase de la mujer para extraer ganancias. De dónde proviene la opresión de la mujer. Y cómo la integración de millones de mujeres a la fuerza laboral fortalece la batalla por su emancipación. US$12. También en inglés, persa y griego.

Somos herederos de las revoluciones del mundo

Discursos de la revolución de Burkina Faso, 1983–87

THOMAS SANKARA

Los campesinos y trabajadores en este país de África Occidental crearon un gobierno popular revolucionario y comenzaron a combatir el hambre, el analfabetismo y el atraso económico impuestos por la dominación imperialista, así como la opresión de la mujer heredada de la sociedad de clases desde hace milenios. Cinco discursos del dirigente de esta revolución. US$10. También en inglés, francés y persa.

Libros de Pathfinder **accesibles en formato e-book** para personas no videntes, de baja visión o con otros retos para leer libros impresos.

Para obtener una lista de libros disponibles, visite: pathfinderpress.com/collection/books-for-the-blind.

Para inscribirse, visite bookshare.org.

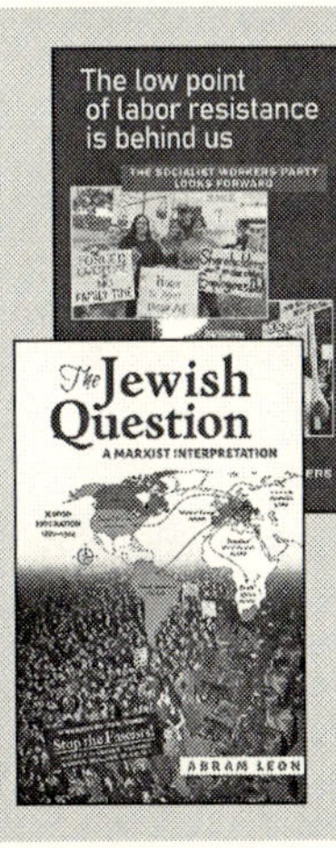

TAMBIÉN DE PATHFINDER

La cuestión judía
Una interpretación marxista
ABRAM LEON
La batalla contra las fuerzas reaccionarias que buscan exterminar a los judíos sigue siendo crucial en la política mundial, como lo demostró el pogromo genocida en octubre de 2023 en Israel. ¿Por qué sigue resurgiendo el odio antijudío? ¿Cuáles son sus raíces de clase? ¿Por qué, como explica Abram Leon, no hay solución "independientemente de la revolución proletaria mundial"? Con una traducción revisada, nueva introducción y 40 páginas de ilustraciones y mapas. US$17. También en inglés y francés.

Puerto Rico: La independencia es una necesidad
RAFAEL CANCEL MIRANDA
Este dirigente independentista puertorriqueño, uno de los cinco encarcelados por Washington por más de 25 años, hasta 1979, habla sobre la realidad brutal del coloniaje norteamericano, el ejemplo de la revolución socialista cubana y la lucha actual por la independencia. US$5. También en inglés y persa.

La marcha del imperialismo hacia el fascismo y la guerra
JACK BARNES
"Habrá nuevos Hitlers, nuevos Mussolinis. Eso es inevitable. Lo que no es inevitable es que triunfen. La vanguardia obrera organizará a nuestra clase para combatir el terrible precio que nos hacen pagar los patrones por la crisis capitalista. El futuro de la humanidad se decidirá en la contienda entre estas dos fuerzas enemigas de clase". En *Nueva Internacional* no. 4. US$14. También en inglés, francés, persa y griego.

LA REVOLUCIÓN RUSA Y LA LUCHA CONTRA LA OPRESIÓN NACIONAL

La última lucha de Lenin

Discursos y escritos, 1922–23

V.I. LENIN

En 1922 y 1923, V.I. Lenin, dirigente central de la primera revolución socialista, libró su última batalla política, lucha que tras su muerte se perdió. Lo que estaba en juego era si esa revolución, y el movimiento comunista internacional que ésta dirigía, mantendría el curso proletario que había llevado al poder a los trabajadores y campesinos en octubre de 1917. US$17. También en inglés, persa y griego.

La revolución traicionada

¿Qué es y adónde va la Unión Soviética?

LEÓN TROTSKY

En 1917 los trabajadores y campesinos de Rusia hicieron una de las revoluciones más profundas de la historia. Sin embargo, al cabo de 10 años, una capa social privilegiada, cuyo principal vocero era José Stalin, ya consolidaba una contrarrevolución política. Un estudio clásico del estado obrero soviético y su degeneración. US$17. También en inglés, persa y griego.

To See the Dawn

Baku, 1920—First Congress of the Peoples of the East

(Para ver el amanecer. Bakú, 1920: Primer Congreso de los Pueblos de Oriente)

¿Cómo pueden librarse de la explotación imperialista los campesinos y trabajadores del mundo colonial? ¿Cómo pueden superar las divisiones nacionales, religiosas y de otra índole atizadas por las clases dominantes y luchar por sus intereses de clase comunes? Conforme resonaba el ejemplo de la Revolución de Octubre por el mundo, los 2 mil delegados a este congreso debatían estos problemas. En inglés. US$17

PATHFINDER POR EL MUNDO

ESTADOS UNIDOS
(y América Latina, el Caribe y el este de Asia)

Pathfinder Books, 306 W. 37th St., 13th Floor
New York, NY 10018

CANADÁ

Pathfinder Books, 7107 St. Denis, Suite 204
Montreal, QC H2S 2S5

REINO UNIDO
(y Europa, África, el Medio Oriente y el sur de Asia)

Pathfinder Books, 5 Norman Rd.
Seven Sisters, London N15 4ND

AUSTRALIA
(y Nueva Zelanda, el sureste de Asia y Oceanía)

Pathfinder Books, Suite 2, First floor, 275 George St.
Liverpool, Sydney, NSW 2170
Dirección Postal: P.O. Box 73, Campsie, NSW 2194

ÚNASE AL CLUB DE LECTORES DE PATHFINDER
¡AMPLÍE SU BIBLIOTECA!

$10 POR AÑO
25% DESCUENTO PARA TODOS LOS TÍTULOS
30% DESCUENTO PARA LOS LIBROS DEL MES
Válido en pathfinderpress.com y los centros locales de libros Pathfinder

Visite: pathfinderpress.com/products/pathfinder-readers-club

Pathfinder
pathfinderpress.com